객관식을 향한
주관식

객관식을 향한 주관식

발행일   2016년 10월 24일

지은이   최 영 만
펴낸이   손 형 국
펴낸곳   (주)북랩
편집인   선일영   편집   이종무, 권유선, 안은찬, 김송이
디자인   이현수, 김민하, 이정아, 한수희   제작   박기성, 황동현, 구성우
마케팅   김회란, 박진관
출판등록   2004. 12. 1(제2012-000051호)
주소   서울시 금천구 가산디지털 1로 168, 우림라이온스밸리 B동 B113, 114호
홈페이지   www.book.co.kr
전화번호   (02)2026-5777   팩스   (02)2026-5747

ISBN   979-11-5987-165-8 03300(종이책)   979-11-5987-166-5 05300(전자책)

잘못된 책은 구입한 곳에서 교환해드립니다.
이 책은 저작권법에 따라 보호받는 저작물이므로 무단 전재와 복제를 금합니다.

이 도서의 국립중앙도서관 출판예정도서목록(CIP)은 서지정보유통지원시스템 홈페이지(http://seoji.
nl.go.kr)와 국가자료공동목록시스템(http://www.nl.go.kr/kolisnet)에서 이용하실 수 있습니다.
(CIP제어번호 : CIP2016024924)

(주)북랩 성공출판의 파트너

북랩 홈페이지와 패밀리 사이트에서 다양한 출판 솔루션을 만나 보세요!

홈페이지 book.co.kr   1인출판 플랫폼 해피소드 happisode.kr

블로그 blog.naver.com/essaybook   원고모집 book@book.co.kr

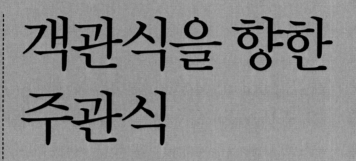

객관식을 향한 주관식

최영만 지음

대한민국의 진정한 정의를 찾아 나선
한 시민의 이유 있는 항변

북랩 book Lab

책을 내면서

인생에서 '나는 누구인가'를 알아내는 것이 가장 어려운 숙제이고, 삶에서 있게 되는 것들 중 가장 가치 있는 것이 이웃을 향한 도덕이 아닐까? 그런 문제에다 '나'라는 존재를 올려놓고 보면 누구로부터도 대접받기 어려운, 있는 듯 없는 듯 조용히 살다가 언제 떠났는지 모르게 슬쩍 떠나는 것이 가족을 위해서 자신을 위해서 바람직하다고 누구는 말할지 몰라도 숨을 쉬고 있는 한 나름의 글을 써보고 싶은 걸 어쩌랴.

그렇지만 글을 쓰는 직업인도 아닌 팔순이 다 돼가는 나이에서 글은 무슨 글, 혹자는 그럴까? 글 쓰는 것을 직업으로 하는 사람도 나이 때문에 정신이 흐려져 절필하게 된다는 말도 듣는데 다행이라고 할까 봐 부모가 물려준 정신은 글을 못 쓸 정도는 아니라서 글을 쓰게 되었다.

그러나 글은 누구에게나 괜찮고 메시지가 담겨야 한다면 거기에다만 맞춰 글을 쓰기는 미안하게도 반듯해야 직성이 풀리는 성격이다. 이런 성격에 칭찬해줄 누구도 없으리라 싶지만, 이 책에서는 '반듯이'를 요구하고 있기도 하다. 아무튼, 우리가 살아가는 사회는 '반듯이'라는 획일성보다는 다양하게 굴러갈 수밖에 없고 현실적으로 그렇게 굴러가고 있음을 인정 못 할 이유는 없겠으나 책을 낸다는 것은 독자들에게 그만한 가치를 제공해야 하기에 이 책을 내기까지 고심을 많이 한 끝에 책을 내게 되었다. 그랬지만 독자들이 공감할지 궁금해지기도 하다. 나이 먹은 감각으로 봐지는 오늘의 사회는 물질에 갇혀 깡마른 삶은 아닌가 싶어 글 쓰는 능력은 부족해도 그런 삶을 살찌게 하는 맛깔스러운 글을 쓰고자 노력했다.

책 줄거리는 국가를 위해 오늘의 서 있는 인물들 얘기가 거의라고 말할 수도 있겠는데 연일 보도되는 사건으로만 보면 공무원들은 그동안 지탄받을 일만 해 왔고, 지금도 그렇다고 보일지는 몰라도 우리나라 공무원 수 160여만 명이라면 지극히 일부로 나는 보고 싶다.

공직자 세계는 바라보는 시각에 따라 평가가 다를 수는 있겠으나 우리나라가 민주화는 물론 경제적으로 이만큼 성장한 것은 공무원들의 애씀이 있었기에 가능했다 말하고 싶다. 공직 사회란 본시 칭찬엔 야박하고 지적받을 일만 많지 않은가. 그래서 글 내용상 공직자들에게 상처를 입히게 되는 결과를 낳게 될지도 몰라 고민을 했음도 이해 바란다.

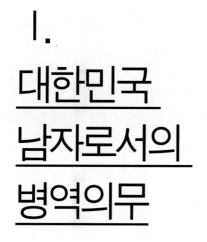

I.
대한민국
남자로서의
병역의무

1. 군대는 그대 앞길을 가로막지 않는다

그대는 군대에 갈 건강한 대한민국 남자인가. 그대는 군대에 갈 자격자인가. 그대는 대한민국 국가의 혜택을 받으며 살아가는가. 지극히 당연한 것을 왜 꺼내는지 그대는 묻고 싶지 않은가. 그려, 대한민국 국가는 그대를 필요로 해서든 보호해 주고, 그대는 대한민국 국가를 위해 의무도 져야 한다는 각오가 서 있는가를 묻고자 해서다. 대한민국 국가의 혜택은 누리고 싶고 의무를 다하지 않을 생각이면 대한민국 국가는 그대를 보호해줄 이유가 없다. 의무는 항상 부담이 따른다. 그런 의무 부담 때문에 병역을 피하려다 결국은 조국에 올 수조차 없어 외국에 갇혀 있다시피 한 젊은이 얘기를 꺼내기가 맘 편치는 않으나 대한민국에서 태어나 대한민국 국적을 가지고 살아가는 건강한 남자라면 대한민국 병역제도에 의한 병역의무는 당연하게 여겼으면 해서 말하고자 한다.

가수 유승준 씨는 진심이었는지는 몰라도 잘나갈 때 군대에 꼭 가겠다고 해 놓고 없었던 일로 하고 돌연 미국으로 가 버린 바람에 그의 인기는 한순간에 날아가 버리고 비난만 보도마당을 달구고 있다. 안타깝다. 여론 때문이기는 하겠지만, 유승준 씨는 정부에서 아예 한국에 오지도 못하게 감금해 버리다시피 해 버리는 바람에 외국에 갇힌 꼴이 되었다.

그는 인기 있는 가수로 미국에서는 가수 활동이 가능한지는 보도

조차도 없어 모르겠으나 만약 그렇지도 못하다면 한마디로 죽을 지경일 것이 아닌가. 장가도 들어 가족도 있다면 가족을 부양해야 할 가장으로서 어쩌면 좋냐? 가수 유승준 씨가 국내에 들어오지 못하게 될 만큼의 죄인인가는 희대의 사기꾼 조희팔이 수만 명을 상대로 사기를 친 것도 아니고, 살인범으로 외국으로 도망친 것도 아닌, 단지 군대에 가겠다고 해 놓고 취소해 버린 죄밖에 없지 않은가. 그러면 정부에서는 그런 점을 감안해 풀어줄 수는 없을까. 자식을 둔 입장으로서 안타깝다.

유승준 씨가 가수로서 우리나라에서 활발하게 활동 중이었지만 국적은 미국이었나 보다. 군대에 가지 않아도 될. 그런 유승준 씨에게 "국적이야 미국이지만 대한민국에서 태어났고, 그래서 군대에 가라고 하면 가겠느냐?" 하고 뜬금없이 기자가 질문하는 바람에 고민할 겨를도 없이 군대에 가겠다고 말했다가 취소해 버린 것이 국내에 들어오지 못할 만큼 되어 버린 것이다.

그렇게 보면 유승준 씨로서는 군대에 가겠느냐고 물어본 기자가 한없이 밉지 않을까. 그렇게 묻지만 않았어도 이런 사달까지는 벌어지지 않았을 텐데 말이다. 아무튼, 정부에서 유승준 씨를 풀어줄 가능성은 매우 희박해 맘고생이 이만저만이 아닐 것 같다.

대한민국 남자로서 국방의무는 당연하기에 입영통지서를 고마운 맘으로 기다리는 젊은이들도 있을까마는 대부분의 경우 군대 가기 싫어 군대 안 가려고 써먹는 방법이 외국 국적을 취득하는 것이라는데 유승준 씨도 그랬지 않았을까. 유승준 씨를 도와주고 싶은 맘으로 그것은 아니겠지만, 사실이라면 유승준 씨는 꾀를 내도 죽을 꾀를

낸 것이다.

유승준 씨는 가수로서 국내에서도 잘나가다 판단 착오로 그렇게 되었지만 생각해 보면 우리나라 병역제도가 모병제가 아니라 징병제라 연예인이든 운동선수든 거기에 해당하는 젊은이들은 대한민국 국민으로서 군대에 안 갈 수는 없어 고민에 빠져 있을 것이 아닌가.

그렇지만 군대 가는 것은 의무이기에 보내야 하고, 가야 하겠지만 타고난 재능으로든 후천적 재능으로든 그런 재능을 가지고 살아간다면 생명과 같은 재산으로 보고 그 맥이 끊어지지 않게 하면 좋겠다는 생각으로 제안하고자 한다. 물론 시행만 않고 있을 뿐 정부로서도 알고 있는 제안일지는 모르겠지만….

2. 국가는 개인 재능을 살려주어야

연예인으로든 운동선수로든 활동 기간만은 그 맥이 끊어지지 않게 해 주기 위한 방책으로 돈(예, 연 10억 원 이상)을 벌 경우 3년을 합산한 평균치를 내 90%를 국가에 내게 하면 어떨까. 그래도 꼼수를 부릴 수 있어 그럴 경우 나이와 상관없이 가차 없이 군대에 가게 하고…. '가차 없이'라는 말을 하고 보니 감옥을 말하는 것 같아 좀 이상하다. 군대는 감옥 같은 그런 곳이 아닌데 말이다.

종교적 신념 때문에 군대에 못 가겠다고 하는 경우도 그렇다. 국가는 그들도 보호해줄 대한민국 국민인 점을 참작해서 선택권을 주자는 것이다. 군 복무 기간은 대체 근무를 시키되 공무원이 될 자격은 못 갖게 말이다. 완벽한 법령은 없어서 군대 기피 목적 여호와증인으로 등록한다는 말도 들린다. 그것이 사실인지는 몰라도 가능성 있는 말로 군대는 의무지만 국가는 소수자의 의견도 존중해 주어야 한다면 앞서 말한 선택권을 주면 군 기피 목적의 가짜 교인은 없지 않을까 싶다.

병역 문제는 어려운 문제일 수도 있어 지금의 징병검사 제도를 수정했으면 한다. 장애인이 아닌 질병이 있는 자에 한하여 징병검사를 3년에 걸쳐 세 번 받게 하면 어떨까 싶다. 징병검사를 단 한 차례로 합격 불합격을 내리다 보니 약이면 나을 수도 병도 불합격 판정을 받아 얼마 지나지 않아 건강을 되찾아 멀쩡하게 살다가 대통령까지 된 이명박 대통령도 있음을 보는데 이것을 막자는 제안이다.

2002년도 월드컵 축구 경기에서 우리나라 축구 선수들이 4강까지 거머쥐었다고 해서 국가에서는 대단한 공을 세운 양 군대 면제 혜택까지 주었는데 이것은 한참 잘못이라고 생각한다. 국가 대표로 축구장에서 뛴 것만도 얼마나 큰 영광인데도 군대 면제까지라니. 물론 아무나가 아닌 재주와 투지로 이루어진, 국가가 인정해서 주게 된 군 면제 혜택이겠지만 축구 선수는커녕 장애인으로 살아갈 수밖에 없는 젊은이들이나 그들의 부모 맘을 정부가 읽어 봤더라면 그러지는 않았으리라는 생각이 든다.

국가 일을 세세한 부분까지 판단 내려서는 아무것도 할 수 없다는 공직 사회 논리일 수도 있어 이런 제안이 효과로 나타날 것 같지는 않으나 가볍게 생각할 수 없는 것이 군대 복무 문제라 국가는 작은 소리도 듣고자 하는 마음이라야 공정이 이루어지고 살아볼 만한 사회이지 않겠는가. 그런 점을 정부도 인정하고 제도로 뒷받침해 주었으면 한다.

보도에 의하면 대부분의 부모는 자식을 군대에 안 보내려고 각종 꼼수를 부려 뺄 수만 있다면 빼겠다는 맘이고, 군대를 보내더라도 후방이든 좀 더 편한 곳으로 보내고 싶어 한다는 심리인 듯해 신앙인 입장에서 이야기하자면 유승준 씨는 기독교인이고 부모도 그러하다는 것 같아 씁쓸하다.

기독인의 가치관이란 무엇인가. 불에(십자가) 뛰어드는 것이 아닌가. 그러함에도 유승준 씨 부모는 그것을 무시해 버린 탓에 자식이 조국에 들어오지도 못하는 처지까지 된 것이다. 당사자인 유승준 씨도 가수이기에 준 공인으로서 많은 사람에게 사랑을 받았다면 그런 사랑을 지킬 수 있도록 부모가 도와야 했음에도 오히려 말렸을 것이라는 추측이 가능하다. 한참 인기 절정에 있을 즈음에 미국 시민권을 취득하도록 놔둔 것이 욕을 얻어먹게까지 되었는데 부모로서 취할 행동은 전혀 아니었다.

3. 유승준 씨, 대통령에게 편지를 써라

　지난 2002년, 입대를 앞두고 미국 시민권을 취득한 가수 유승준 씨는 병역 기피 논란 끝에 13년이 지난 지금도 우리나라에 들어오지 못하고 있다. 지난 5월, 뒤늦게 용서를 구하며 국적 회복을 희망했지만, 국가로부터 거절당하고 말았다. 유승준 씨는 "전날 시간으로 돌아갈 수만 있다면 진짜 두 번 생각 안 하고 군대에 가야죠." 그렇게 말했다는데 그것만으로는 턱없이 부족한지 국민의 싸늘한 반응 때문에 조국에 다녀갈 수도 없다면 제안으로 박근혜 대통령께 편지를 써라.

　"박근혜 대통령님, 제가 병역기피 문제로 제가 태어난 조국에도 못 가는 처량한 처지가 되고 말았습니다. 생각해 보면 이보다 더 가혹한 처벌을 받아도 할 말이 없겠으나 이번 일은 철없는 한 젊은이의 행동으로 여기시고 한번 봐주시면 안 될까요? 큰 잘못을 저질렀기에 낯을 들고 용서를 빌기는 부끄럽지만 그래도 용서만 해 주신다면 당장 군대에 가되 군인으로서 가장 힘들다고 하는 부대로 지원으로든 가서 부대원들에게 사죄의 큰절을 한번 올리겠습니다. 물론 큰절은 사회에서나 해당하는 인사겠지만, 맘만은 그렇습니다. 대한민국 국민에게도 용서를 빕니다. 가수 유승준."

　이런 정도의 편지를 쓰면 방송을 타리라는 생각인데 어림없는 발상인가?

행정부와 사법부의 4급 이상 고위 공직자 아들 가운데 18명도 유
승준 씨처럼 대한민국 국적을 버리고 병역을 면제받은 것으로 드러
났습니다. 어떤 이유로 국적을 포기한 건지, 본인이 선택한 건지는
모르겠으나 아들 2명 모두가 캐나다 국적을 얻은 사람을 포함해,
미래창조과학부가 4명으로 가장 많고, 외교부 고위 공직자의 아들
도 2명이나 됐습니다. 새정치민주연합 안규백 국회의원은 모범을
보여야 할 고위 공직자의 아들들이 국적을 포기하고 병역을 면탈
하는 사례가 발생하고 있어서 매우 개탄스럽다고 말했습니다.

이들을 포함해 국적을 버리고 병역을 면제받은 사람은 2012년
2,842명에서 지난해 4,386명으로 빠르게 늘고 있습니다. 병역을 이
행하지 않으면 국적 회복을 불가능하게 하는 국적법 개정안이 국회
에 제출됐지만, 1년 넘게 법사위에 머물러 있습니다.

― 인터넷 ―

부모 역할은 크다

그렇게 보면 지금의 유승준 씨를 만든 이는 부모가 아닐까. 대한민
국에 다시 오고 싶다는 말은 국가로서는 섭섭함을 넘어선 느낌이다.
이른바 한국에서 괘씸죄에 걸린 것이다. 이전에 병역 문제에 대해 호
언장담하지 않았더라도 조용히 넘어갔을 수도 있었을 텐데 하는 생
각도 들지만, 부모는 다 큰 아들이 한 말에 책임도 못 지게 해서야 되
겠는가. 진정으로 자식을 위할 줄 아는 부모가 필요한 세상이다.

4. 건강해야만 갈 수 있는 곳이 군대다

군대 생활이란 아닌 것은 아니라고 말할 수 있는 민주 사회가 아니라 상명하복이 분명한 명령 체계로 된 특수 사회다. 북한에서는 군 복무 기간이 무려 10년이라고 한다. 북한에 비하면 우리나라는 단 2년뿐인데도 군대에 가기 싫어하는 것은 엄격한 통제 사회라는 말에 주눅이 들어 그러지는 않을까. 아직 소년티가 그대로인 상태로 군대에 가게 되는 입장들은 두려울 것이고, 군대를 보내게 되는 부모들도 걱정일 것이지만 말이다.

그러나 군대에 가고 싶어도 건강하지 못해 못 가는 곳이 군대라면 군대에 갈 만한 건강을 지닌 것은 얼마나 큰 축복인가. 그런 축복을 축복으로 여기기보다는 군대 안 갈 궁리에 빠져 별별 꼼수를 다 부리다가 나중에 후회하는 경우도 있는데 젊은이라면 고생을 사서라도 하라는 말을 허투루 듣지 말라고 말하고 싶다. 젊은이로서 멋지고 현란한 오늘을 무시할 수는 없겠지만, 훗날에 있게 될 복도 생각하라는 것이다. 다는 아니지만, 엉터리로 살아가는 모습도 보여서다.

인간이라면 누구나 내일이 있어서 젊은이들은 내일이라는 세계를 그릴 것이다. 내일이란 이른바 희망. 그런 희망을 맛보려면 그냥 주어지는 것이 아니기에 건강한 남자로서 군대 가는 것은 축복으로 여기라는 것이다.

학생들은 역사 공부를 한다. 역사 공부를 왜 해야 하는가는 설명이 필요 없이 예측하기 어려운 내일을 위한 거울이지 않은가. 우리나라는 침략만 당해온 민족으로 일본으로부터 침략을 당했는데 왜 그랬겠는가? 바로 힘이 모자라서가 아닌가. 군대란 바로 그것이다.

5. 남자라면 군대를 피할 생각 마라

대한민국에서 태어나 공부도 했지만, 사정상 미국 시민권을 취득했기에 군대에 가지 않아도 될 청년들의 얘기가 방송을 탄다. 국적이야 그렇지만 대한민국의 혜택을 받은 청년으로서 군대 간다는 말은 멋있고 고마운 일로 그러기까지는 군대를 지원한 본인 생각만이 아닐 것이다. 그를 낳아주신 부모의 생각도 포함했을 것이다.

부모는 낳기만 해서는 부모로서 해야 할 역할이 아니다. 정신까지 불어넣어 주어야 부모라고 보기에 하는 말이다. 간혹이지만 잘못된 부모의 생각 때문에 곁길로 가는 아들도 있어서 후회하기도 한다는 말도 듣는다.

아들이 정상으로 살아가게 하려면 군대만은 꼭 보내야 한다고 본다. 그렇지만 군대 가는 것을 부정적으로 생각해서는 건강에도 손해일 것이니 참고로 해야 할 것이다. 군대는 고생만 하는 곳이 아니다. 거친 세상 파도를 헤쳐나가는 인생 수련장이기도 하다. 그런 사실을 부모들도 어찌 모르겠는가마는 자식을 지나치게 사랑하다 보니 결국에는 캥거루족이 되는 경우도 있는가 본데 부모들은 그러지 말고 큰 맘 먹고 자식에게 자율권을 준다는 차원으로도 군대를 보내라. 그러되 대한민국 남자로서 군대는 당연하다는 각오를 심어주어라. 따라서 군대 보내는 것을 자랑스럽게 여기라. 군대를 보낼 수 없는 처지들을 생각해서라도 말이다.

병무청이 발간한 『대한사람 대한으로 2016』이 눈길을 끈다. 병역의무가 없는데도 자진 입대한 병사들의 체험 수기를 담은 책이다. 미국 대학교수직을 중단하고 자원입대한 박주원 일병이 주목을 받았다. 미국 시민권자인 그는 "군 복무는 하프타임"이라며 "입대 전까지 전반전을 열심히 살았다면 남은 인생의 후반전을 어떻게 살지 작전을 세우자."고 강조했다. 참 멋진 말이다.

6. 군대를 보내는 부모의 입장

"아들아, 너는 군대를 가지 않아도 되는 미국 시민권자다. 그렇지만 대한민국 땅에서 태어났고, 그동안 대한민국으로부터 그만한 혜택을 받았다면 양심에 비춰서라도 너는 군대는 반드시 가야 한다. 그래야 외국에서 살아도 조국을 떳떳하게 오갈 수 있지 않겠니. 그렇지 않고 고향이랍시고 찾아왔다가는 비난의 눈초리를 피할 수는 없을 것이다. 남자는 어떤 상황에서든 당당해야 한다. 남자로서 당당해야 하는 조건 중 군대에 가는 것이다. 대한민국 장관으로 발탁된 인물이 청문회를 통과하자는데 병역 문제로 쩔쩔매는 모습은 안쓰럽기까지 하더라.

우리 한민족이 일본으로부터 해방 된 지 몇 년도 되지 않아 6.25라는 느닷없는 전쟁이 벌어져 얼마나 큰 피해를 입었는가. 그랬지만 전쟁이 끝난 게 아니라 안타깝게도 휴전상태로 남북한과는 아직까지도 대치상태이다. 이런 상황이 아니라도 고생스러운 군대를 보내야 하는 부모 입장에서 맘 편할 수는 없겠지만 그렇다고 해서 군대를 안 보내서는 국가는 어떻게 되겠는가. 이것이 대한민국 군대인 것이다.

북한이 미국을 그토록 미워하는 것은 한반도를 북한 입맛에 맞게 하나의 국가로 만들 수 있는 절호의 기회 상황을 미군이 개입하는 바람에 무산 되고 말았다는 이유다. 대한민국 수도는 물론, 국토를 다 점령하고 부산만 남은 상태에서 북한군 3개 사단병력 21,500명 전부를 희생시키더라도 남은 지역까지 기필코 점령해야 하는 절체절명에 있었을 텐데 말이다(낙동강 전투가 얼마나 치열했을지 상상이 가는가). 북한은 지금도 미군을 내보내라 줄기차게 요구하는 의도가 어디에 있는가는 설명이 필요가 없을 것 같다. 아무튼, 군대는 군인을 병기로 보고 전사도 손실이라고 말하지.

너는 미국 시민권자이기는 해도 조국이 대한민국인데 대한민국을 어찌 외면할 수 있겠니. 무슨 일로든 한국에 오게 될 것이다. 그렇기도 하겠지만, 지금이야 학생이지만 공부를 하다 보면 전문가가 될 수도 있어서 대한민국에서 일 좀 해 주길 바란다는 통치자의 부탁이라도 있게 되면 조국에서 부르는데 어찌 거절하겠니.

너는 그럴 만한 능력자로 성장하리라는 아버지의 믿음이니 기억하고 군대에 가거라. 군대는 귀중한 시간을 허비하는 그런 곳이 아니니. 따라서 군대 생활을 어떻게 하느냐에 인생에서 아주 귀중한 경험도 맛보게 되는 곳이 바로 군대다. 그러니 군대는 반드시 갔다 와야 한다. 군대를 갔다 온 사람들의 일관된 얘기는 군대 자랑이다."

7. 군대에 가게 될 아들의 입장

"예, 아버지. 거기까지는 생각을 못 했는데 아버지 말씀을 들으니 군대에 안 가서는 안 되겠다는 각오가 생깁니다. 학생 중에 군대를 피할 수 없을까를 놓고 신체검사에서 불합격 판정을 받기 위해 몸무게를 늘린다는 말도 듣게 되는데 일반 상식으로도 맞지 않은 잘못된 처사로 생각됩니다.

군대를 갔다 온 사람들의 얘기를 들으면 삶에서 아주 귀중한 경험을 쌓은 것처럼 말들을 하던데 무슨 말인지는 판단이 잘 안 서지만 그런 얘기도 들었습니다.

아무튼, 군대를 갔다 온 사람의 눈빛은 확연하게 달라 보입니다. 아버지 말씀대로 군대에 반드시 가야 할 이유까지는 아직이지만 군대를 갔다 와야 남자로서 할 일을 했다는 개운한 맘일 것이기에 군대에 갈 건데 군대에 가더라도 힘들다는 해병대를 지원할까 합니다. 남자로서 강해야 한다면 강한 쪽을 선택하겠습니다. 아버지!"

이렇게는 아니었지만, TV로 방영된 군인으로서의 군모는 당당했다.

8. 입영통지서를 받아든 아들의 각오

군대는 강해야 한다. 그렇게 보면 강한 군대는 미국으로 우리나라에도 미군이 주둔하고 있지 않은가. 당장은 어렵겠으나 북한은 핵무장을 하는 마당에 우리 군대도 거기에 대응할 만한 군사력을 갖추어야 한다는 것이 나라를 걱정하는 군사 전문가들 얘기도 듣는다. 군사 전문가들만이 아니라도 지각 있는 사람이면 다 그럴 것이 아닌가.

기억하기도 싫은 6·25라는 남북한 전쟁이 아직도 종료되지 않아 그같은 전쟁이 또 일어날지 몰라 국가는 막대한 군사비를 지출한다. 군사 공부를 안 했어도 군대에 가야 하는 이유를 아들로서 부모에게 말씀을 다음과 같이 하면 어떨까.

"아버지, 아버지께서 그러셨다는 추억을 말씀해 주신 내용을 기억해서 삶의 교과서로 삼겠습니다. 아버지는 아들이 이만큼 커서 앞으로 어떤 생각으로 살아갈지 염려도 되시겠지만, 아버지로서 하고 싶은 말씀도 쉽게 하지 못하시고 조심스러워 아들이지만 말을 했다가 이 녀석이 잔소리로 들으면 말을 안 하느니만 못해 저에 대한 얘기는 엄마와만 나누고 그러시지는 않으실까. 아버지의 표정이 봐지기도 합니다.

아버지, 저는 덩치만 큰 게 아니라 정신도 이만큼 컸으니 믿어 주세요. 아버지가 바라시는 대로 가기는 어렵겠지만, 걱정만은 안 하시도록 용감하게 살아갈 것입니다. 물론 군대 문제도요. 아버지 말씀대로 군대에 가는 것도 국방을 위해서라기보다는 군대 가는 것을 자랑으로 여기고 당당하게 갈 것입니다. 군대 친구가 삶에서 보배일 수도 있다는 말씀은 전혀 예상하지 못했는데 말씀을 듣고 보니 학교에서 배울 수 없는 부분을 군대 생활에서 체험으로 배워서 삶에 적용한다면 그 효과는 결코 작지 않으리라는 생각이 듭니다.

아버지, 저는 아버지 말씀을 참고로 할 것이지만 한 가지 부탁 말씀을 할게요. 군대 가는 날 저 혼자 가도록 아예 내다보지도 마세요. 군대 면회도요. 물론 사랑하는 아들이 군대에 가는데 어찌 그럴 수 있느냐고, 잘 갔다 오라는 하시고 싶기는 하시겠지만, 자식을 지나치게 사랑한 나머지 배치된 부대 근처에다 방까지 얻어 아들 얼굴을 매일 봐야만 잠이 온다는 말을 들을 땐 숨고 싶은 맘에서 드리는 말씀입니다.

저 집 아들도 군대에 간다는데 엄마가 따라가지 않을까? 이웃들은 그런 눈으로 저를 쳐다볼지도 몰라 될 수 있는 대로 동네 분들과 마주치지 않으려고 아침 일찍 밤늦게 오고 가고 그럽니다. 그러니 제가 당당한 사회인이기를 바라신다면 제 일은 제가 알아서 하게 그냥 바라만 보셨으면 합니다. 아직은 어리바리 같지만 그래도 가장 듣기 싫은 것이 캥거루족이라는 말입니다.

제가 캥거루족이 안 되게 하는 것은 아버지 어머니 몫입니다. 군대 생활을 하는 동안은 전화 연락도 잊으셨으면 합니다. 부모와 자식 간인데 그렇게까지 하는 것은 너무 매정할 것 같지만 그렇습니다. 아버지!

아버지, 아버지 아들은 내일부로 군대에 갑니다. 아버지, 잘 다녀오겠습니다. 아버지께서 군대 가실 때 당당하게 가셨다면 저도 군대에 당당하게 갈 겁니다. 아버지!"

9. 군대는 국방의무만이 아니다

 부모는 살아 있을 때만 부모가 아니다. 세상을 떠나서도 부모다. 그러기에 자식에 대해 항상 조바심일 것이다. 그러나 조바심이 지나치다 보면 바보 자식을 만드는 우를 범하기도 해서 나이를 먹어서는 후회하는 경우도 주변에서 보게 된다. 후회 없는 삶이 있겠는가마는 오늘날의 부모들은 후회 안 해도 될 일을 하고 있어 보이는데 부모들은 맘을 단단히 먹고 내칠 것은 내쳐라. 그래야 자식은 제 살길을 스스로 찾을 것이다. 인정한다면 다음과 같이 말하면 어떨까.

 "그래, 네가 그런 생각까지 가지고 있다는 게 대견하고 고맙다. 네가 언제 이렇게 커서 군대에 가는지. 얼마 전까지만 해도 맘에 안 들면 삐지고 그랬던 날이 엊그제 같은데 벌써인가 싶기도 하다. 너는 유치원 차량에 오를 때 '잘 갔다 올게요.' 의사표시로 손도 흔들어 주었고, '아빠 퇴근하실 때 피자 사와. 잊지 말고…' 하기도 했었지. 초등학교로 중학교로 고등학교로 대학생이 될 땐 목소리도 어글어글해서 내 아들이 이만큼 컸다는 생각에 가슴이 뿌듯하기도 했지.

 그래서 사람마다 아들을 원하는 걸까. 입영통지서를 받아든 네 표정을 아버지는 봤다. 군대에 가기가 싫은지 말이다. 입영통지서가 사법시험 합격통지서 같은 그런 통지서가 아닌데 어찌 좋아할 수야 있겠는가 싶어 군대를 보내지 않을 수는 없을까, 내심은 그랬지만 군대를 당당하게 갔다 오겠다니 맘이 놓이지만 그래도 부모라서 그런지 아버지 마음은 울컥해진다. 다른 부모들도 그럴까 몰라도….

그래, 잘 갔다 와라. 네 말대로 군대에 갈 때 내다보지도, 군대 생활을 하는 동안은 전화 연락도 하지 않을 생각이지만 군대 가는 차에 오르는 모습만은 봐야겠다. 부모에게 있어 자식은 전부일 수도 있어 부대 근처에 방까지 얻어 아들을 봐야 잠이 온다는 부모들 흉을 그동안 봤는데 막상 내 아들이 군대에 간다고 생각하니 그분들의 심정이 이해가 된다. 그러니 군대 가는 모습조차 무시할 수는 없을 것 같다.

아무튼, 군대는 특수 사회라는 점을 각오하고 대한민국 군인답게 용감하게 근무하고 제대했을 때의 모습은 군대에 가기 전보다 한참 성숙한 모습이었으면 하는 바람이다. 군대는 정신세계를 개조하는 인간개조창이기도 하다는 것을 각오로 해라. 그런 각오라야 심한 얼차려도 크게 어렵지 않게 넘길 수 있을 것이다. 분대장이 되면 명령권도 부여받는다. 치열했던 6·25전쟁 때는 총살권까지를 부여받았단다. 물론 부여받은 것으로 그만이었겠지만 분대를 통솔해야 하는 분대장으로서 살아도 죽어도 함께한다는 전우애를 말함일 것이다. 그래서든 제대를 하고서도 전우애를 살려 살아간다면 군대가 병역의무만이 아니라 인생에서 그만한 가치도 될 것이다.

오늘날의 사회는 자본을 가진 자가 목소리 큰 사회로 거기에는 살아남기 위해 경쟁할 수밖에 없어 그렇게 보면 학교 친구는 진정한 친구라기보다는 경쟁 상대일 수밖에 없겠지만 군대 친구는 그렇지 않고 서로 도울 맘으로 살아간다는 말을 듣는다. 그렇게 보면 군대는 힘든 곳이기는 하나 잠깐일 뿐, 좋은 곳이니 기분 좋게 건강하게 군대 생활 잘하고 와라. 인생에서 버릴 수 없는 아주 좋은 기회일 수 있으니…."

이렇게까지는 쉽지 않을지라도 다 큰 자식을 군부대로 데려다주기까지 해서야 되겠는가.

"아들을 군대 보내게 되는 부모님들이시여! 다 큰 자식을 젖병까지 물려 군대를 보내서 어디다 써먹으려고 그러십니까. 반성들 하세요, 반성들을…."

"아들들도 반성하라. 어학 사전에도 없는 캥거루족이라는 말이 자주 등장하는데 얼마나 못났으면 그런 말을 다 듣는가. 본인이야 아니라고 할지 모르겠지만, 눈에 보이는 걸 어쩌랴. 캥거루족 말을 듣기 싫다면 내 일은 내가 다 알아서 할 테니 그냥 보고만 계시라고 똑 부러지게 부모님께 말씀드려라. 그렇지 않고 공부만 하고 있으니 젖병을 문 사랑스러운 아들로 생각해서 혹 넘어지기라도 할까 봐 군대 가는 것조차도 염려스러워 그러시지 않은가 말이다. 부모는 아들의 내일을 대신해 줄 수 없음을 기억해 둘 필요가 있다고 보기에 하는 말이다."

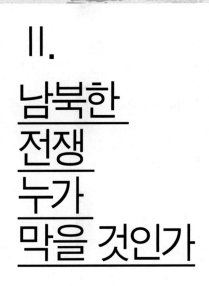

II.

남북한
전쟁
누가
막을 것인가

1. 6·25전쟁, 김일성 책임만인가

우리 민족은 남과 북으로 갈라져 6.25라는 전쟁을 겪었고 아직도 155마일 휴전선을 사이에 두고 간첩부대니 연평해전 같은 교전을 해왔지 않은가. 그렇게 보면 6·25전쟁은 우리 모두에게 잊혀진 전쟁이 아니라 진행 중이다.

1950년 6월 25일 새벽 4시, 250여 대의 탱크와 100여 대의 전투기를 앞세운 북한군이 38선을 넘어 무방비 상태인 남한을 전면 공격으로 시작된 6·25전쟁은 1953년 7월 27일 오전 10시 정전협정이 체결되기까지 1,129일간 진행되었다. 이 기간에 국군 62만, 유엔군 16만, 북한군 93만, 중공군 100만, 민간인 250만, 이재민 370만, 전쟁미망인 30만, 전쟁고아 10만, 이산가족 1,000만 등 당시 남북한 인구 3,000만 명의 절반이 넘는 1,900여만 명이 피해를 입었다. 한반도 전 국토가 전화의 상처를 입고 피폐화되었다.

6·25전쟁은 한마디로 핵무기만 제한되었을 뿐 제3차 대전이나 다름없었다. 인류 역사상 한 공간에서 전 국민과 25개국의 200만에 가까운 군인이 치열하게 치른 전쟁도 흔치 않다. 당시 세계의 독립국 93개국 중에서 16개국이 UN 결의에 따라 민주주의 수호를 위해 참전, 피를 흘리는 등 60개국이 남한에 병력이나 물자를 제공했고, 이에 대해 소련과 중국은 대대적으로 북한을 지원했다.

도대체 이들은 무엇을 위하여 아시아의 조그만 반도에 불과한 남과

북 간의 싸움에 휘말려 고귀한 생명을 바치고 승리를 위해 물자를 공급했던 것인가? 그리고 전쟁의 당사자인 우리는 왜 60여 년이 지난 지금에 와서도 이미 서구에서는 십여 년 전에 종식을 고한 동서 냉전의 유물인 이념 논쟁에 얽매여 있는 것인가? 한때 운동권 대학생들을 중심으로 퍼졌던 주체사상이 민주화를 성취한 현재에도 굳세게 살아남아 국민의 대의 기구인 국회에서조차 종북주의 논란이 벌어지고 있다. 이러한 상황에서 우리는 6·25전쟁의 실상에 대해 분명히 알아야 할 필요가 있다. …(하략)

— 이중근의 『6·25전쟁 1129일』 출판사 서평 —

잔인에 사는 독재자

스탈린과 김일성의 대화.

"스탈린 각하, 남조선 정부를 그대로 두어서는 우리 사회주의 체제로서는 골칫거리가 될 수도 있겠다는 생각입니다. 스탈린 각하께서는 어떻게 생각하십니까?"

"아니, 김일성 당신, 그동안은 새파란 청년인 줄로만 알았는데 학교는 어디 나왔지?"

김일성의 기발한 발상에 스탈린은 소비에트연방 국새(國璽)를 찍어주었고, 모택동으로부터도 중국 국새를 찍은 것이 6·25전쟁이다.(상상)

6·25전쟁을 이렇게 말할 수 있는 것은 탱크 등 모든 무기가 소련제고, 팔로군으로 불리는 백만 대군은 중공군이었지 않은가. 한반도 영토주권을 아예 사회주의 체제로 바꿔버리겠다는 야욕이 6·25전쟁으로 지금은 역사적 인물들이 되었지만, 스탈린도 모택동도 그때 확실

하게 밀어붙이지 못했던 것이 아쉽다 하지 않았을까.

이제는 시대가 바뀌어 한중 간 무역은 활발하지만, 우리 대한민국이 언젠가는 중화민국으로 합쳐지고 말 것이라는 중국 정치가들 야욕 때문에 북핵 문제도 말로만 말리는 것은 아닐까. 북핵 제재 맘이면 북한으로 연결된 송유관을 차단하겠다는 엄포만으로도 쉽게 해결될 것 같은데 말이다.

북핵 얘기만 나와도 알레르기가 돋는 대한민국 박근혜 대통령으로서는 북핵 문제만은 어떻게 해서든 막아보겠다는 생각이겠지만 중국의 협조 없이는 불가능할 것 같아 "시 주석님, 북핵 문제를 어떻게 좀 해 보세요." 이렇게 말을 하고 싶어도 들어줄 것 같지 않아 박근혜 대통령은 속만 끓이다 임기가 끝나지 않을까.

"거룩 앞에 잔인을 머뭇거리는 것은 큰 죄악이다."

상상하기도 어마어마한 잔인성으로 6·25전쟁을 일으킨 스탈린은 어느 날 개 짖는 소리 때문에 밤잠을 설치게 되자 병사더러,

"죽이고 와."

"예, 알겠습니다."

스탈린 명령대로 한달음에 달려가 해치우고 온 병사는,

"죽였습니다."

"무얼 죽였어?"

"예, 짖던 개를 죽였습니다."

"누가 개를 죽이랬어?"

소련 대숙청 시절인 1930년대 말, 영국의 어느 여배우가 모스크바를 방문했을 때 스탈린에게 다짜고짜 "언제까지 사람들을 죽일

것입니까?"라고 묻자, 위엄 돋는 스탈린은 "더 이상 죽일 필요가 없을 때까지."라고 받아침.

한국전 당시 북한군, 중국군과 연합군 간 교착 상태에 빠지자 연합군이 "이제 그만 싸우는 게 서로 좋지 아니한가? 전쟁 쉽시다."라고 하자 "어차피 북한은 잃을 게 없는데 왜 그만두겠나? 잃을 거라곤 사람뿐인데." ― 인터넷 ―

역사기록은 누가 어떤 시각으로 쓰느냐에 따라 다를 수 있어 위 내용을 다 신뢰할 수는 없다 해도 6·25전쟁은 북한도발로 된 것만은 분명하다 하겠다. 당시 우리나라는 대한민국이라는 국토와 인구만(남북한 약 3천만) 있을 뿐 경제적으로 너무도 가난해 우선은 건국에만 올인했고, 주한미군은 있어도 건국한 한국 정부가 잘 돌아가는지를 보고 철수할 생각으로 있었기에 혹 소요가 일어날지 몰라 치안대비용 무기일 뿐 전쟁무기는 없었다. 그것을 알아차린 김일성은 북남통일은 바로 이때다 싶어 소련제 전투 미그기, 탱크로 남침도발을 감행한 것이다. 그것도 전술상 맘 놓고 단잠에 빠져 있을 일요일 이른 새벽에, 그랬는데도 젊은이들 중에 '우리나라가 먼저 북침했지 않았을까' 헷갈린다면 어른들은 자료를 찾아서라도 정확하게 말해줄 필요가 있다.

2. 중국은 북핵을 어떻게 볼까

지정학적으로 한반도는 아시아 끝 부분이다. 그렇게 보면 중국과 소련이 지배권을 가져야 할 조건적 위치에 놓여 있는 대한민국이지 않은가. 그래서 중국 정치가들은 한국의 의도대로 통일되는 것을 막자는 아닐까. 중국 지식인들은 시대가 변했고 더 변할 텐데 그런 논리로 남북통일을 말하는 것은 잘못이라고 말할지 몰라도 정치인들은 한반도를 중국 영토로 보고자 하는 것은 아닐까.

박근혜 대통령이 중국 전승절 행사에서 환대를 받았다. 그랬지만 시진핑 주석은 어디까지나 손님으로 보고 다음과 같이 생각하지 않았을까.

"박근혜 대통령님은 미국의 눈치를 봐야 하는 그런 불편한 발걸음이실 텐데도 우리 중화민국 전승절을 축하해 주기 위해 이렇게 와 주셔서 고맙습니다. 이런 문제만 아니라도 박 대통령님과는 오랜 친분 관계로 사적인 면에서는 엎어드릴 수도 있겠지만, 거대 중화민국을 통치해야 하는 입장이라 한반도 문제를 국익 차원에서 볼 수밖에 없음을 이해해 주시기 바랍니다.

한국이 지금은 유엔에 가입된 국가이기는 하나 언젠가는 미안하지만, 우리 중화민국으로 합병될 것이니 그렇게 될 날이나 기다리시오. 우리가 그때까지 살아서 활기찬 중화민국 모습을 보게 될지는 나이를 먹어가기에 모르겠지만 그렇습니다.

박 대통령님은 대한민국 대통령으로서 우리 중화민국 전승절 참가하기까지는 고심이 크셨을 테지만 생각해 보면 지금이야 역사적 인물이시지만 박근혜 대통령님 부친(박정희)과 저의 부친(시중쉰)께서는 남북전쟁에 휘말려 서로 치열하게 싸우셨을 텐데 아이러니하게도 우리는 그분들의 자식들로 한국과 중화민국을 통치하는 대통령으로 주석으로 이렇게 만나게 됩니다.

이것을 두고 운명이라고 역사가들은 그렇게 말할지는 몰라도 당장 없애 버려야 할 개 딱지 같은 이데올로기 때문에 서로 다른 처지이기는 해도 우리는 언제까지도 친해야 할 친구입니다. 그러니 북핵 억제 문제는 다음 기회에 논의하기로 하고 중화민국은 불가사의한 유적지도 많으니 관광도 하시면서 편히 쉬시다가 가십시오. 이렇게 말하기는 중화민국을 통치해야 하는 통치자로서 박 대통령님께 해 드릴 수 있는 한계입니다. 아무튼, 이렇게 오실 때는 그냥 전승절 행사 참가만 아니신 줄로 알지만, 대통령님의 기대를 저버리는 것 같아 미안합니다."

이렇게 생각하는 것은 앞서 소개된 내용대로 전날처럼은 아니나 이데올로기적으로 민주주의체제와 사회주의체제가 엄연히 살아 있지 않은가. 이런 현실에서 소련과 중국이 합세해서 김일성을 앞세운 6·25 전쟁인 것이다.

6월은 6·25전쟁을 생각나게 하는 보훈의 달로 『6·25전쟁 1129일』 책만 봤지만, 대한민국 남자라면 군대에 가는 것을 자랑으로 여기라.

3. 대한민국 젊은이로서의 국가관

국가관이 무엇인지 모르는 국민은 아마 없을 것이다. 누구든…. 그렇지만 군대에 가지 않으려고 별 요령을 다 부려 군대에 안 간다면 군대 가는 사람만 바보 되는 꼴이 아닌가. 군대에 가지도 않은 이명박 대통령이 부대 방문 때 거수경례는 영 아니었다. 군대를 갔다 온 입장에서 말이다.

군대 비리 문제가 심각하다는 보도도 있어서 안타깝지만 그런 문제 때문에 군대가 필요 없다는 국민은 아무도 없을 것이다. 그렇게 보면 군대에 가야 할 이유는 분명하지 않은가. 군대에 가면 반드시 죽게 된다면 모를까. 고향 고개 너머(먹골)에 사시는 구십이 가까우신 연세로 지금도 건강하신지는 몰라도 백마고지 전투에서 전사한 군인이 너무 많아 시신들을 무더기, 무더기 모으는데 땅에 얼어붙어 떨어지지 않는 시신을 수습하느라 애를 먹었다는 얘기는 참담했다.

아무튼, 개인 손해 때문에 군대에 안 가려고 하겠지만 떳떳한 사회인이 되고 싶으면 군대 가는 것은 당연하다고 해야겠다.

박정희 대통령 월남 파병

대통령은 한 국가의 통치자로서 외교정책에서도 최종 결정권자다. 그래서 박정희 대통령은 월남전 미군 개입 성격과 한국군 파월 성격의 당위성을 어떻게 인지했는가를 검토해 보자.

월남 파병은 북한으로부터 위협을 받는 상황에서 국군 정예 병력을 해외에 파견하는 것은 국가 생존이 걸려 있는 문제였다. 이렇게 엄중한 상황에서 월남 파병에 대한 박정희 대통령의 논리를 정리해 보면 다음과 같다.

첫째, 국제 정세를 보는 시각으로서, 1960년대에 들어와 미소 간의 평화 공존이 모색되고 있었지만, 그는 아시아에서 월남전쟁의 여파로 한국의 안보도 위협받고 있음을 인지하면서 특히 중공의 위협을 강조하였다. 중공은 월맹과 북한을 아시아 공산 전략의 일환으로 원조하고 있고, 이는 과거 한국전쟁 때의 참전과도 연계되어 한국의 안보에도 심각한 영향을 주고 있었다는 것이다. 또한, 1964년에 중공이 핵실험에 성공하게 됨으로써 보다 절실히 중공의 팽창에 따른 안보 위협이 고조되었다고 보는 것이다.

둘째, 제2전선론에 입각한 한국 안보의 관점이다. 소위 도미노이론에 입각하여 월남의 적화는 한반도 안위에 직접 연결된다는 인식이다. 1965년 1월 26일 파병에 즈음한 담화문에서 "월남이 공산화될 경우, 자유세계의 대공 전선에 혼란과 차질이 생김은 물론, 한반도를 포함한 전 태평양 지역에 급진적 도발 행위가 계속될 것이기 때문에 아시아를 불사를지 모를 하나의 불씨를 미연에 꺼 버리자."라고 했다.

월남 전선은 제2의 전선이다. 이 자유의 전선이 무너질 때 한국을 포함한 이 지역의 인근 자유국가에 대한 침략적 만행이 격화될 것이라고 하여 중공 팽창에 따른 월남 적화가 한반도 안보에 위협됨을 제시하였다.

이상의 언급에서 박정희 대통령은 월남전을 단순한 중공 등 공산주의의 팽창에 따른 위협을 넘어서 제2전선으로 간주하고 있으며, 이것을 휴전 상태에 있는 한국의 안보 위기와 직결시키고 있다.

셋째, 미국에 대한 전략 및 대한 안보 공약, 한미 동맹 관계 측면에서의 인식이다. 한국군 파병 초창기에는 중공 위협과 제2전선론에 따른 공산 적대 세력의 위협을 파병의 명분으로 강조한 반면에, 한미 동맹 관계는 별로 언급하지 않고 있다. 이러한 측면은 한국의 파병을 미국과 관련시키지 않음으로써 한국의 자주성을 훼손시키지 않으려는 의도가 내재되어 있다고도 볼 수 있다.

당시 한국 생존의 안보를 위해서, 즉 주한 미군 철수를 방지하기 위해서 파병이 불가피했었던 것 같다. 당시에 미국은 대규모 지상군의 월남전 투입을 결정했었고, 닉슨은 닉슨독트린을 선언하면서 아시아는 아시아인의 힘으로 지켜야 한다고 선언하였다. 주한 미군 철수 주장은 최고 결정자인 박정희 대통령에게는 가장 심각한 고려의 대상이 되었음이 틀림없었을 것이다.

넷째, 경제 발전을 포함한 국가적 이익의 증진에 대한 인식이다. 파병 초창기에는 반공, 안보, 과거 6·25 때 받은 자유세계의 은혜에 대한 보답, 국위 선양 등 주로 명분상의 파병 논리가 주조를 이루었으나 파병이 본격화되는 1965년, 박정희 대통령은 "우리 상품을 국제시장으로 무한히 진출케 하고 자본과 기술을 국제적으로 추구해야 하며… 월남 파병 결정과 한일 정상화는 국가 이익 추구를 위해 불가피"한 결정임을 보이고 있다. 실제로 월남 파병을 통해서 외자 유치와 해외 진출을 통한 인적, 물적 자원의 수출을 추구하였다.

— 인터넷 — 〈박정희 대통령의 월남 파병 이유〉

이런 문제에 있어 박정희 대통령은 군 통수권자로서의 결단을 내려야만 하는 절체절명의 순간에 부딪히게 되자 밤낮 3일을 잠도 잘 수도 없어 죄 없는 담배만 들입다 피웠다고 한다. 월남 파병 결정권을 쥔 통수권자로서 우리나라 국군 청룡부대, 맹호부대, 백마부대를 죽음의 전쟁터로 보낸다는 것은 정말 어마어마한 고뇌가 아닐 수 없었을 것이다.

월남전쟁에서 입은 부상병들은 부산육군병원에서 제대했는데 전사자 숫자만도 5,099명이라고 하는데 사지가 멀쩡한 병사는 몇 명 없었던 거로 기억된다.

그때 부상병들은 이제 노년이 다되었을 텐데 어떻게들 지낼까 몰라도 파월 때 미국으로부터 병사 1인 연 기준으로 5000$(최소한)를 받아서 약 600$를 지불하고 나머지는 국가경제발전 종자돈으로 썼다면 의료혜택만이라도 받게 해야 했음에도 그마저도 없음을 파악했는지 국민의당 정동영 의원은 월남참전용사 전투수당을 국가가 지급도록 법안을 발의했다는데 통과될지는 의문이나 파월장병들로서는 말로만이 아니라 적극성을 띠라고 하지 않을까. 아니, 적극성을 띠어야 진정성 있는 의원으로 보고 차기 국회의원으로 눈 도장도 찍어 둘 것이 아닌가.

4. 병역 기피는 절대적 죄악 아닌가

자원으로 파병된 병사들도 있지만 다른 부대 장병들은 부대 자체가 파병되는 바람에 전쟁터인 월남을 가기 싫어도 안 갈 수 없어 치열한 전투로 전사도 했고, 큰 부상도 입고 그랬는데 이것이 군대로, 군대 훈련은 유사시 정예 군인으로 활용하자는 것이 아닌가. 정해진 개월 수만 채우고 제대를 하게 되는 그런 군인이 아니라….

우리나라가 너무도 가난했던 시절 일제 카메라 등을 월남에서 구했다고 부대마다 다니면서 월남에 가자고 말 잘하는 중·상사들이 꼬드기는 바람에 혹해서 파월 지원은 했으나 그것도 넘쳐나 골라 파병시켰음인지 다행일까 불행일까 뽑히지 않았지만….

젊은이로서 군대에 가야겠지만 그래도 군대 가기 싫다고 해서 그런 생각들을 용납해 버린다면 국가는 어떻게 되겠는가. 이런저런 꼼수를 부려서라도 군대 가지 않으려는 맘보들을 대한민국에서 살지 못하게 몰아낼 수는 없을까? 밉다.

군대는 비밀을 절대로 한다

느닷없는 얘기는 아니지만 고고도 미사일, 이른바 사드 배치 문제가 중국, 러시아를 자극하게 된다는 문제로 정치인들은 국민이 알아야 할 알 권리 차원에서 솔직히 말하라는 의미의 질문이 쏟아지는 것 같은데 그러지 말았으면 한다. 군사 작전상 적이 모르게 해야 하는 비밀이라는 점을 염두에 두고 질문을 하더라도 질문을 해야 한다고 보기에 그렇다.

국민이야 국가가 어떻게 돌아가고 있는지 많이도 궁금해 군사 비밀도 다 까발리기를 바랄지는 몰라도 우리나라는 다른 나라와 달리 남북 대치 상태에서 다 까발려 적을 유리하게 할 경우 되돌릴 수 없는 침략을 당할지도 모르는 심각한 문제로 국민은 국군을 믿고 응원을 해야 하지 않을까. 물론 군 비리가 있어서 그런 문제로는 속상하겠지만 말이다. 안보는 얼마나 중요한가.

- 연평도 포격은 2010년 11월 23일 오후 2시 30분경에 조선민주주의인민공화국(북한)이 대한민국의 연평도를 향해 170여 발을 포격한 사건입니다.
- 이 사건으로 인해 대한민국의 해병대원 2명이 전사했고, 16명이 중상을 입었으며, 대한민국의 민간인도 2명이 사망했고, 3명이 중상을 입었으며, 북한의 인명 피해 규모에 대해서는 각종 언론 매체와 소스에 따라 대략 0~7명 정도로 저마다 다르게 추정하고 있으나 정확하지 않습니다.
- 주택 12동이 대파되었고 25동은 불에 탔으며, 차량 3대와 컨테이너도 여러 채 파괴되었고, 연평도의 가옥들 19채가 파손되고 불에 탔으며 산불이 발생했습니다.
- 조선민주주의인민공화국(북한)은 대한민국에 책임을 넘기며 정당한 군사적 대응이라고 주장했습니다. 이 사건은 천안함 침몰 사건 이후로 벌어진 것으로 남북 간의 갈등이 더 심화되었으며, 연

평도 주민들은 대부분 섬을 떠나게 되었습니다.

- 연평도에는 당시 주민 1,700여 명 중 95%가 인천 등지로 피난하고 고령자 등 30여 명만 잔류하고 있었으나 일주일 후 20여 명의 주민이 복귀하였고요. 이 사건으로 인해 당시 인천광역시교육청은 연평도, 백령도, 대청도 등의 서해 5도 초·중·고등학교를 무기한 휴교 조치하였습니다.

— 인터넷 — 〈연평도 포격사건 피해〉

때문에 국민은 '혹 전쟁이…?' 하고 놀라기도 했는데 북한군이 170발이나 되는 무차별로 쏜 포탄으로 인명 피해든 큰 피해를 입었는데 포병으로 근무했던 경험으로 편각 사각(포술 용어)을 맞히기에 실수만 없다면 정확도는 대단해서 10m 이상 오차도 없다. 그렇지만 실수는 미리 알 수 없어 기억으로 훈련이기는 하지만 병사 실수로 시한포탄이 관측소 가까이 떨어지는 바람에 깜짝 놀랐는데 그렇게 실수가 아니면 정확도는 놀랄 정도다. 지금의 정확도야 전날에 비해 비교가 안 될 정도이겠지만 군대는 비밀을 절대 해야 한다는 것을 국민은 알아둘 필요가 있다 하겠다.

5. 군인을 바보로 만들지 말아야

조 목사, 7개월 만에 제대…. 세 아들은 모두 면제 처분. 조 목사는 투철한 반공주의자다. 국민일보를 창간한 것도 나라를 지키기 위한 한 수단이었다고 한다. 지난 10월 한 보수집회에 참석한 조 목사는 "오늘 우리는 하나님께 조국과 민족을 공산주의의 침략에서 지켜달라고 부르짖기 위해 모였다."라고 말했다. 투철한 반공정신과 안보의식을 감안할 때 조 목사와 세 아들의 병역 기간이 통틀어 7개월밖에 안 된다는 것은 놀라운 일이 아닐 수 없다. 조 목사는 7개월을 복무하다 의가사 제대했고, 세 아들은 모두 면제 처분을 받았다. 1961년 1월 30일 논산훈련소에 입소한 조 목사는 서울 인근 부대에서 근무했다. 하지만 탈장 수술 후 폐렴이 겹쳐 입대한 지 7개월 만인 그해 8월 25일 제대했다.

희준 씨는 미국 영주권자로서 복무 연령 상한선 초과로 면제를 받았다. 그는 군 면제 후 한국 국적을 취득해 서른한 살에 국민일보 발행인 자리에 올랐다. 차남 사무엘 민제 씨는 미국 국적자다. 1996년 9월 한국 국적을 포기함으로써 군대를 면제받았다.

만 35세인 내년에 병역이 완벽하게 해결되고 한국 국적을 취득해야 국민일보 대표이사와 발행인에 오를 수 있다. 1999년 1월 병역법 개정으로 의무부과대상자 연령이 만 30세에서 만 35세로 연장되었다. 신문사 발행인은 한국 국적을 가진 사람이라야 한다는 규정이 있다. 승

제 씨도 민제 씨와 함께 1996년 9월 미국 국적을 취득하고 한국 국적을 포기함으로써 군 복무를 면제받았다.

— [시사저널] 2004. 12. 9. —

위 내용이 사실일 것으로 믿어 어쩌다가 목회자들 사고방식이 여기까지 왔는지 정말 아니다. 목회자이지만 완전치 못한 인간인지라 잘못을 저지를 수도 얼마든지 있다. 그렇지만 이건 심해도 너무 심하지 않은가.

"나라를 사랑해야겠지만 마음이 무장돼 있지 않으면 좋은 무기와 미군이 있다 해도 소용없다. 스스로 살려고 하지 않는 자를 누가 도울 수 있겠느냐."

설교에서 그렇게 말씀하셨다면 조 목사님의 세 아들만은 왜 예외로 했는지 설명도 내놔야 할 것이다. 그러지 않고 얼버무려서는 얼마 전 교육계 고위직 인사가 민중은 먹을 것만 주면 다 되는 개돼지 운운했다는 이유로 여론의 뭇매를 맞은 일도 있었는데 조용기 목사님도 개돼지 발언자와 마찬가지 사고방식을 가진 것은 아닐까.

따지고 보면 설교에서 말한 내용은 조용기 목사님이 하는 게 아니라 조용기 목사님을 질타하는 민중들이 해야 맞는 말을 조용기 목사님 본인이 한 셈이다. 기독인 입장에서 조심스럽지만, 기왕에 말이 나왔으니 한마디 더 한다면 성경 지식만으로 목회자가 되다 보니 오늘날 한국 기독교계가 개독교라는 비아냥 소리를 다 듣게 되지 않은가. 목회자 도덕 기준은 얼마나 높은가. 재판관보다도 민족 지도자보다도 더 높고 높다고 나는 본다. 그것은 아무것도 숨길 수 없는 하나님 앞이라….

6. 동작동 현충원 무명용사 비

우리는 할 말을 다 하는 민주사회에서 살고 있다. 면전에서만 아닐 뿐 국가원수에게 막말까지도 서슴없다. 이렇게는 민주주의국가에서만 가능한 일로 북한 체제에서는 그렇지 못하다는 것을 북한 영상을 통해서 봤을 것이다. 북한 사람들은 무슨 자랑이든 통치자의 은덕을 그리도 강조하곤 하는 데 어디 진심이겠는가.

세상을 살아감에 있어 누구든 나름의 생각으로 살아갈 것이지만 어느 힘에 의해 그렇지 못한다면 살맛이 나겠는가. 그런 점에서 6·25 전쟁으로 우리나라가 다 점령되고 부산만 남았지만, 그것도 '낙동강 전투'로 엄청난 전사자를 낳고 서울수복이 되고서 만들어진 군가.

전우야 잘 자라

1. 전우의 시체를 넘고 넘어 앞으로 앞으로
   낙동강아 잘 있거라 우리는 전진한다
   원한이야 피에 맺힌 적군을 무찌르고서
   꽃잎처럼 사라져 간 전우야 잘 자라
2. 우거진 수풀을 헤치면서 앞으로 앞으로
   추풍령아 잘 있거라 우리는 돌진한다

달빛 어린 고개에서 마지막 나누어 먹던

화랑 담배 연기 속에 사라진 전우야

3. 고개를 넘어서 물을 건너 앞으로 앞으로

한강수야 잘 있더냐 우리는 돌아왔다

들국화도 송이송이 피어나 반기어주는

노들강변 언덕 위에 잠들은 전우야

4. 터지는 포탄을 무릅쓰고 앞으로 앞으로

우리들이 가는 곳에 삼팔선 무너진다

흙이 묻은 철갑모를 손으로 어루만지니

떠오른다 네 얼굴이 꽃같이 별같이

만약 적화통일되었다고 가정해 보면, 김일성 생일은 태양절, 김정일 생일은 광명성절을 지킬 것이 아닌가. 끔찍한 일이지만 그것은 아니라고 못 하고 살아가는 북한 주민이 얼마나 불쌍한가.

적화통일이 되지 않은 것이 다행이지만 그것도 거저 주어진 것이 아니라 누군가의 희생이 있음인데 그것은 곧 무명용사들이라고 정치인들에게 한마디 하고 싶다.

"정치적으로 동작동 현충원에서 참배하는 정치 참배객들이시여!

정치적 행사 때 무명용사들 비에 참배는 못할망정 바라는 보시나요? 늘 봐도 그렇게 안 보여서요. 전직 대통령들 묘역에다만 예를 갖추는 모양새뿐이던데 그러지들 맙시다. 그런 문제에 있어 제안한다면 무명용사들 비에 먼저 묵념부터 하고 다음 행사를 진행하시오. 현충원에는 연고가 없어 자주 가지는 못하나 갈 때마다 무명용사의 비가 눈에 들어와서입니다.

전직 대통령들은 한때 영광을 누렸던 분들로 칭송 예까지는 다분히 정치적이라 건성으로 해도 되겠지만, 무명용사의 비는 20대 초반 나이들로 장가를 갔을지라도 색시와 뜨거운 사랑도 제대로 못 해보고 전사해 유해마저도 가족 품으로 돌아오지 못한 전사자들이라고 하네요. 그것을 인정한다면 얄팍한 묵념 형식만이라도 갖추라는 것입니다."

2000년 국방부가 6·25 전사자 유해 발굴 사업을 시작한 이후 햇빛을 본 한국군 유해는 9,100여 위. 이중 경북 지역에서 찾은 유해는 2,230여 위로 전체의 25%에 달한다. 하지만 전사자의 신원이 확인된 경우는 전체 발굴 유해의 1% 수준에 불과하다. 인식표와 도장, 사진 등 신원 확인을 위한 결정적 단서가 함께 발굴되는 경우가 극히 드물고 전사자 8촌 이내 유가족 DNA 등록도 3만 건에 불과해서다.

전사 자료 연구조차 부족한 상황에서 참전 용사와 유족의 고령화로 전사자 신원 확인은 더 힘들어지고 있다.

더욱이 유해 발굴은 평균 170곳을 수색해야 1구 정도를 찾을 수 있어 1년에 500구 이상 발굴하기도 쉽지 않다. 8만여 명의 전사자를 다 찾기 위해선 최소 260년이 걸리는 셈. 이 같은 상황에도 유해발굴감식단은 전국 80여 곳에서 10만 명이 넘는 장병들을 동원해 발굴 사업을 벌이고 있다. 경북 지역에선 육군 제50사단과 해병대 1사단이 영천과 영주, 칠곡, 문경, 포항 등에서 전사한 용사의 유해 발굴에 정성을 쏟고 있다. 한편, 6·25전쟁 제66주년을 하루 앞둔 24일 오후 칠곡 다부 동 일대가 내려다보이는 조붓한 언덕 위에 마련된 전적지에서 '6·25 전사자 유해 발굴 개토식'이 열렸다.

— 인터넷 — 〈2016년 6월 25일 영남일보 기사〉

무명용사의 비

백두산은 닳지 않으리라는 믿음
두만강도 마르지 않으리라는 믿음
믿음을 살리자는 백두대간

주례사도 없이 맺어진 다람쥐들
뜨거운 사랑으로 낳은 새끼들
흐르는 임진강 물도 마실 것이다

무엇이 그리도 잘못되어 군사분계선이고
무엇이 그리도 잘못되어 휴전선일까
지식으로 해석은 도저히 안 될

특별 언어면 대답이라도 있을 텐가
남북통일 기대의 잣대
그대가 옳고 내가 옳고 따지지 말자

세월은 나 몰라라 가 버리면
나중은 후손들의 무거운 짐이리니

국회의원님들의 언어
국무위원님들의 언어
국군 통수권자의 언어

소모성 강한 언어들
미안도 없이 잘도 써먹다니
슬프도다 슬프도다

6·25전쟁 제물이 된 무명용사 비
국립현충원에서 슬프도다

전날의 기억 부여잡고 눈물짓는 할머니
낭군의 비 앞에서 눈물이겠지만
후손들은 의례에서 그칠 겁니다

장가도 못 가본 유골 그대들은
어느 전선에 묻혀 있는가
거룩한 면류관 무명용사의 비

정치적 행사에서 슬픈…

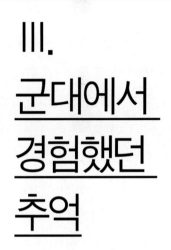

III.
군대에서
경험했던
추억

1. 군대로만 여겼던 후회

포병학교에서 7주간 교육 중일 때 나오는 병과가 다른 통신 교육병으로, 단 하루도 거르지 않고 매일 찾아와 주던 교육병이 있었다. 이름은 안승신. 그랬지만 그것을 고맙게 여기기보다는 헤어지면 그만이라는 엉터리 생각에 교육을 마치고도 그동안 고마웠다는 말도 없이 그냥 근무 군부대를 향한 열차에 몸을 실어 버리고 말았다.

고참병일 때다. 그때의 통신 교육병이 월남전선 벙커에서 찍은 사진을 동봉한 군사우편이 날아왔다. 근무 부대는 어떻게 알고…. 나이를 먹다 보니 그를 만나보고 싶어 찾아볼 수 있는 방법을 다 동원해 찾아보는 중이나 아직이다. 그 교육병과는 수 주간을 만났어도 고향이 어디냐고 서로 묻지 않아서, 전남 영광군 염산면 옥실리 7번지라는 주소도 모를 테고, 어느 부대에서 근무하고 있다는 것도 모를 텐데 어떻게 된 거야? 군대는 비밀을 절대로 해야 하기에 근무 부대를 알 수가 없을 텐데 월남 전선 벙커에서 찍은 밝은 모습까지 보내주다니….

그렇다면 교육 기간 찾아와 주곤 그랬던 것이 그냥이 아니라는 말인가. 그렇지 않고서야 어떻게 사진까지 동봉한 편지를 보냈겠는가. 주소를 주면서 제대하거들랑 우리 만나자, 그렇게 답했는지는 모르겠지만. 큰 부상으로 14개월 동안 병원 생활만 하다가 제대를 했지만 그를 만날 생각은 왜 못 했는지 세월이 더해 갈수록 후회스럽다. 아무튼, 그때의 情을 찾아보지도 못한 채 초침, 분침, 시침만 잘도 간다.

교육병이 면회를 오다

"한번 만나보고 싶은 안승신 그대여! 지금은 그때의 모습은 아닐 테고 이제는 할아버지 모습일 테지만 한번 만나보고 싶소. 상무대에서 교육 중일 때 단 하루도 거르지 않고 그대는 찾아와 주었죠. 어느 날인가는 누가 면회를 왔다기에 나를 면회 올 사람이라고는 누구도 없을 텐데? 그러나 면회를 신청한 사람이 있을 테니 일단은 나가본 것이 그대의 양친께서 아들 면회를 오셨는데 그대는 내가 생각나 나를 불러주어 맛있는 음식을 다 먹었소. 그때의 부모님 모습은 50대 중반쯤으로 건강해 보였지만 세월이 많이 흘렀기에 지금도 계시는지 모르겠지만, 부모님께서는 군대 간 아들이 걱정된 맘으로 면회를 와서 보니 군대 친구도 사귄 것을 보시고 가실 때는 편한 맘으로 가셨지 않았을까요. 아무튼, 한번 만나야겠으니 건강이나 그대로 유지하기요."

2. 말도 안 되는 반바지 군복

어느 휴일에 하참병이 다가오더니

"최 상병님, 대학을 다니다가 군대를 왔는데 너무 힘드네요." 하며 눈물을 흘리지 않는가.

"군대가 편한 곳인 줄 알았나? 참다 보면 제대 날이 오지 않겠나." 하고 위로해 준 기억이 난다. 상병이기는 하나 벌써 제대를 했어야 할 나이로 보였는지….

고참 병사들이 하참 병사들에게 빠따, 얼차려 없이 넘어가는 날이 없다시피 해서 나는 고참병이 되어도 제대할 때까지도 빠따를 치거나 얼차려를 시키지 않으리라는 각오를 머릿속에 굳게 담고 군대 생활을 했다. 그랬지만 당시로써는 단 하루도 곱게 넘어가는 날이 없어 군대 생활이 너무도 고통스러웠는지 위병소에서 야간 근무병이 M1 소총으로 자살을 했다. 그렇게는 맘 약한 탓이겠지만 홀어머니 밑에서 요즘 말로 캥거루족으로 컸는지는 모르겠으나 당시의 군대 생활은 엄청 혹독했다.

군인이 쿠데타로 정권을 탈취했다는 이유로 원조를 계속하다가는 다른 나라들로 번질, 도미노 현상이 될까? 우려 때문에 본보기로(정확한지는 몰라도) 원조 중단을 해 버린 바람에 쌀독에 쌀 한 톨도 없이 다 떨어지는 형편에 놓여 굶어 죽지 않을 만큼의 밥에다(배가 고파 못 견딜 정도의 부족한 식량은 아니었지 싶은데 영외 거주 중 상사들이 이상한 방법으로 가져가 버려…) 군복도 너무 해져서 꿰맬 수도 없어 반납하면 반바지가 되어 지급되었는데 그런 차림으로 열 지어 가면서 부른 군가가 생각난다.

1. 사나이로 태어나서 할 일도 많다만
   너와 나 나라 지키는 영광에 살았다
   전투와 전투 속에 맺어진 전우야
   산봉우리에 해 뜨고 해가 질 적에
   부모 형제 나를 믿고 단잠을 이룬다
2. 입으로만 큰소리쳐 사나이라더냐
   너와 나 겨레 지키는 결심에 살았다
   훈련과 훈련 속에 맺어진 전우야
   국군 용사의 자랑을 가슴에 안고
   내 고향에 돌아갈 땐 농군의 용사다
3. 겉으로만 잘난 체해 사나이라더냐
   너와 나 진짜 사나이 명예에 살았다
   멋있는 군복 입고 휴가 간 전우야
   새로운 나라 세우는 형제들에게
   새로워진 우리 생활 알리고 오리라

3. 각오한 군대 생활이었지만

경제적으로 1965년까지도 국가는 너무 가난해서 마실 물도 보급품처럼 실어다 주어야 먹을 수 있었기에 세수도 날마다 하지 못해 분대장은 이틀에 한 번, 하참병은 일주일에 한 번, 그랬는데 분대장 세숫물은 페치카(내무반용 연탄 화덕)에서 따뜻하게 데워 바쳤다. 그것만 아니라 칫솔에다 치약을 발라 수건까지 들고 겸손하게 서 있는 모습은 아무리 센 군대라고는 하지만 너무 심하지 않은가.

졸병은 분대원들 옷 세탁은 물론, 분대장 팬티까지도 빨아 말려 바치기도 했다. 부대 배치 때는 주특기대로 배치를 받아 운이 좋았다고나 할까, 맘씨 좋은 분대장 덕에 그런 고생은 아니었다가 부서가 바뀐 바람에 나보다 낮은 졸병이 들어올 때까지는 확실한 졸병으로 고생 좀 했는데 손등이 얼어 터져 거북이 등처럼 되었지만, 의무대에 약이라고는 빨간 소독약밖에 없어 생각해 낸 것이 '구리스'(끈적끈적한 기름)를 갈라진 손등에다 발라야 더 이상 갈라지지 않을 것 같아 '구리스'를 몇 주간 갈라진 손등에다 발랐다. 그랬더니 '구리스'는 역시 약이었다.

그런 군대 생활이 거짓말 같기도 하지만 만약 지금의 군대 생활이 그런다면 이건 군대가 아니라, 북한 사정으로 보아(말만 들은…) 아오지 탄광에서 인간 이하의 대접을 받으며 살아가는 몹쓸 집단으로 보고, 군대가 뒤집힐 사건으로 국방부 장관이 해임될 수도 있는 일이다.

지금이야 그러지 않겠지만 70년대 중반까지만 해도 분대장행세를 톡톡히 하는 바람에 졸병들은 여간 힘들었음인지 듣는 말에 의하면 라면 값을 주면서 "야, 너 라면 하나 끓여다 줄래?" 분대장명령을 졸병이 어찌 거절하겠는가. 싫지만 끓여다 주곤 그러다가 너무 얄밉다는 생각에 끓는 라면에다 자위행위로 쏟은 정액(20대 초반이라 그 양이 상당했을 것이다)을 달걀에 섞어 바치면 분대장은 그것도 모르고 "어유, 달걀도 넣어주고 고맙다. 잘 먹을게." 이럴 때 졸병은 "그냥 라면이 아니라. 아주 특별한 라면이어. 북한 김일성도 못 먹어본, 그러니 맛나게 X먹고 졸병들 그만 좀 괴롭혀, 이 XXX!!" 밉다는 감정은 더 이상의 욕도 포함했지 않았을까? 군대만이 아니라도 아래 사람에게 함부로 해서는 이 같은 골탕도 먹게 된다는 것을 직장이든 갑의 위치에 있는 자들은 기억해 둘 필요가 있다.

4. 군기 반대개념의 도덕심

군기라는 이유를 내세워 두들겨 팼고 맞았는데 그렇게 맞은 중간 고참병들은 보복 차원이었는지 하참병들을 한밤중에 기상을 시켜 막사 뒤로 몰고 가 빠따를 치곤 했다. 고참병들이야 군기를 바로 세운다는 명분이었겠지만 곤잠에 든 하참병들을 기상시키는 것은 아무리 군대라지만 아니라는 생각이 들어 그것을 가만두어서는 안 되겠다 싶어 빠따를 치려는 중 고참병을 한쪽으로 불러내 "야, 너 군대 생활 말뚝 박았냐? 얼마 안 있으면 제대할 텐데 그러지 말고 들여보내!" 하고 말렸다.

그렇게 말린 것이 정확히는 기억에 없으나 세 차례인가 싶은데 영내 거주 두 장기 하사는 그것을 보고 "여기는 군대야. 그런 정도는 모른 척해야지 말리기는 왜 말려?" 그랬는지는 몰라도 한 시간가량의 얼차려를 당했다. 총각 하사로 내무반 한쪽에다 잠자리를 폈기에 내무반 움직임을 보았을 것이다.

빠따는 없다 했지만

야간 근무 교대 시간이 되어 하참병을 깨워 일어나기에 근무처로 간 줄로만 알았는데 훈련장 주위를 순찰하고 와서 보니 다시 누워 있기에 다시 깨워 "힘들어도 일어나 근무해라." 그렇게 해서 근무처로 보냈지만, 근무를 서기는커녕 장기 하사들 잠자리를(통신차량 적재함) 자기 잠자리인 양 M1 소총을 머리맡에다 멋있게 세워 놓고 퍼질러 자고 있지 않은가.

그것을 보는 순간 머리끝이 복잡해지기 시작해 이런 문제까지 도덕심을 발휘해서는 군대가 아니라는 생각에 '그래, 군대가 어떤 곳인지 너는 맛 좀 볼 필요가 있다.' 생각하고는 "이걸로 열 대를 칠 테니 하나, 둘, 셋 복창해!" 하고 빠따를 치려는데 때마침 외출에서 한잔씩 하고 돌아온 장기 하사들이 "고참병이면 분명히 해!" 하는 것이었다.

그 말을 들으니 장기 하사가 시켜서 빠따를 치려는 것 같아, '당신들이 보기에는 어리바리 상병일지 몰라도 나도 자존심이 있는 놈이야. 무슨 소릴 그렇게 해?' 그런 생각이 불현듯 들어 '야 인마, 네가 사회에서는 당수(태권도) 몇 단인 대단한 사람일지는 몰라도 그것은 제대하고 사회에서 써먹을 일이고 여기는 어디까지나 군대야. 그러니 맞기는 싫겠지만 한번 맞아봐야겠다.' 하고 맘속으로 생각하고, 생 참나무 작대기에다 부아까지 실어 두 대를 내려쳤다.

너무 센 빠따라 엉덩이 살점은 떨어지지 않고 부어오르기만 했는지 확인을 안 해서 모르겠지만, 다음 날 아침 식사 때 그 하참병은 밥을 타러 식기를 들고 뒷자리에 섰다가(밥을 탈 때도 하참병은 항상 뒤이다) 앞으로 다가와 "최 상병님, 죄송했습니다." 하지 않은가.

태권도를 가르치는 사람이라서 자기 잘못을 인정해서였는지, 아니면 빠따 열 대를 치겠다고 해서 그걸 다 맞을 생각을 하니 아찔했는데 두 대로 그쳐 주어 고맙다는 의미인지, 아무튼 그랬다. 사실은 장기 하사가 조크만 없었다면 열 대를 다 쳤을 것이다. 그러니까 빠따 두 대로 그친 것은 장기 하사들 덕분인 셈이지만 웬만한 정도의 빠따나 얼차려는 용납되는 군대일지라도 때린 사람이 미안하다고 해야지 실컷 두들겨 맞은 사람이 미안하다고 해? 마음속으로 그랬다.

그때 그 병사여! 혹 이 내용을 보고 기억이 나거들랑 연락 한번 주오. 생 참나무 작대기로 부아까지 실어 내려친 엉덩이 살점은 떨어지지 않고 그대로였느냐고 한번 물어나 보게.

그래요, 빠따가 아니라도 그대가 군인 정신으로 벌떡 일어나서 근무를 서게 할 수도 있었을 텐데 꼭 빠따를 쳐야만 했는가 싶어 미안하오. 나는 심성이 군인답지 못해서 그런지 얼차려는 물론, 빠따를 치지 않고 군대 생활을 마친다고 다짐했지만, 그대에게 빠따를 내려침으로써 그런 다짐이 한꺼번에 무너진 것인데 그대에게 빠따 두 대가 처음이자 마지막인 것 같소. 세월이 많이 흐른 지금 그대는 어디서 어떻게 지내는지 최 상병은 칠십 대 후반 나이에서 전날의 기억을 더듬어 적어봅니다.

5. 대전육군병원에서 변 하사

삶을 살찌게 하는 아름다운 인간관계는 누구나 소망이지 않을까. 그렇지만 거기에는 내가 행동으로 나서지 않고는 불가능한 일이다. 서울수도육군병원에서 대전육군병원으로 이송되고서도 화장실을 갈 수 없어 대소변을 받아내야 하는 처지라 누군가의 도움이 필요했는데 계급장으로는 나보다 두 단계나 높은 변 하사(이름은 기억에 없다)가 혼자 맡아 처리해 주곤 했다.

시대적으로 화장실 수세식 개념도 없다시피 했던 시절 재래식 변소로, 똥은 말만으로도 지저분해 르네상스 시대에 땅을 다 덮을 만큼 넓은 치마폭은 거리에서 용변을 보게 될 때, 수치스러운 부분을 좀 가려보자는 데서 생긴 것이라는 말도 있다.

당시의 용변 처리 문제는 실로 심각한 사회문제로 그것을 해방시킨 것이 곧 수세식 변기란다. 생각해 보면 시골은 1950년도 초까지만 해도 용변을 볼 변소조차도 아예 없는 집도 있었다. 대전육군병원은 변소 길이 백 미터가 넘는 곳인 데다 그것도 아주 추운 한겨울, 그해는 어찌나 추웠던지 추위 때문에 밖에 나가기조차 싫은데도 변 하사는 지저분해 하거나 귀찮게 여기기보다는 거의 같이 붙어 있다시피 하면서 이런저런 얘기도 했다. 그때의 변 하사님, 만나 볼 수는 없을까요?

계급보다 우선한 인정

대전육군병원에서 수고해 주셨던 변 하사님, 부산병원으로 이송했을 때 고마웠다는 인사도 드리지 못하고 그냥 떠난 것이 맘에 걸리네요. 변 하사님을 꼭 찾을 맘이면 찾을 길도 없지 않겠으나 미안한 말이지만 거기까지는 아니고, 이 내용을 보시면 좋겠습니다.

변 하사님도 그때의 기억이 남아 있는지 모르겠지만, 그때의 대전육군병원 사정은 간호사는커녕 위생병조차도 부족해 경환자가 중환자를 돌봤지만 내게는 행운이라고나 할까, 변 하사님을 만난 것입니다.

그때의 기억으로 변 하사님은 누구에게나 따뜻하셨던 분으로 지금이야 세월 때문에 할아버지이실 테지만 가정에서나 사회에서 어른 대접을 받으시리라는 믿음입니다. 그런 믿음이 아니어도 한번 만나보고 싶습니다.

6. 제대한 이 일병의 편지

"최 상병님, 저도 제대했는데 최 상병님께서 아주 큰 부상을 입고 후송차에 오르는 모습을 보면서 아! 했습니다. 그랬지만 문병도 못 가보고 죄송하기도 해서 제대를 했으니 이제라도 최 상병님을 뵈러 가겠습니다."

부상을 입어 장애인이기는 하나 색싯감이 없어서 그렇지, 앞으로 장가도 갈 건데 할아버지께서 지으셨다는 집이 토담집이다시피 해서 새로 지으려고 바쁘던 봄 어느 날 이태근 일병의 편지가 배달되었다.

너무도 고마워서 눈물이 핑 돌 뻔했다. 그랬지만 찾아오겠다는 편지를 믿고 기다리기에는 지지리도 가난한 데다 장애인이 되어 버린 이런 초라한 모습을 보이는 것이 이태근 일병 뿐만 아니라 누구에게도 자존심이 허락지 않아 "보내준 편지 잘 받아봤습니다. 군대서 잠깐 있었던 일을 가지고 제 집까지 오겠다니요. 만나보고 싶어 오라하고는 싶으나 오셔도 집에는 없을 테니 그런 줄 아시오." 하고 답장을 간단하게 썼던 것 같다.

이태근 일병은 딸을 가진 부모라면 사위 삼고 싶을 만큼 잘생긴 병사인 데다 생활 형편도 괜찮은지 금반지도 차고 있었다. 고졸로 누구에게 그리도 쓰는 편지인지 매일 편지를 썼다. 요즘이야 지구 온난화 때문에 겨울에도 그때만큼은 춥지 않지만, 당시는 얼마나 추웠던지 한겨울에는 영하 20도가 넘는 날이 많았다. 너무 추운 날은 동상 걸릴 수도 있다 해서 내무반에만 있게 하기도 했는데도 이태근 일병은 한밤중에 밖에 나가 냉수마찰을 하곤 했다. 그것도 매일….

그런 이태근 병사가 순찰인 내게 딱 걸린 것이다. 그것을 보고 직접 말하지는 않고 불침번더러 "교대병들 들어오면 막사 앞에 세워둬라." 지시하고 야전 곡괭이 자루를 들고 나갔더니 보슬보슬 비가 내리지 않는가. 그런데도 여섯 명이 일렬횡대로 서 있었다.

"너희들 오늘은 맞을 일이 생겼다. 다들 엎드려!"

"내가 다 맞겠습니다."

딱 걸린 이태근 일병이 벌떡 일어나 말했다.

"잔소리 말고 엎드려" 하고 뒤로 돌아가 빠따를 치려고 했으나 전날 장기 하사들에게 당한 보복 같아 못 때리고 다시 돌아와 "다들 일어나. 너희들을 확실하게 다루지 않는다고 장기 하사들로부터 얼차려를 심하게 당했다. 앞으로들 잘하고 고생들 했으니 들어가 자!" 했던 기억이 생생하다.

7. 수도육군병원의 고마움들

큰 부상이기는 하나 견디기 어려울 만큼의 통증은 없어도 노후 차량인 데다 도로 사정 또한 너무 나빠 많이도 흔들려 부대 대장과 위생병이 꼭 붙들며 수도육군병원(현 국정원 자리)에 밤 열두 시 반경에 도착했다. 의사들은 연락을 받았는지 발가벗겨 놓고 살피더니 곧바로 수술대로 옮겨졌고, 눈을 떠보니 다음 날 오전 10시경 양손 양발이 침대에 묶여 있었다.

"끌러 줘요. 상처에다 손대지 않을 테니…"

담당 의사로서는 맘이 놓이지 않았겠지만 끌러 주면서 "살리지 못할 줄 알았는데…" 그러지 않는가. 그러면 죽을 수도 있었다는 말인가.

어쨌거나 살아 있다. 살아 있지만 너무도 추워 벌벌 떨고 있는 중환자에게 의무병은 죽어 실려 나간 환자가 덮던 모포를 덮어주지 않는가. 위생병은 미안했겠지만, 양해를 구할 필요도 없었는지….

아무튼, 기분은 좀 묘했지만 추운 것보다야 나을 것 같아 싫다 하지 못하고 덮기는 했으나 그래도 너무 심하지 않은가. 모포로 태어나 목욕이라고는 단 한 차례도 해 본 일이 없었는지 지저분한 것은 물론, 조심스럽게 다루지 않으면 모포에 허리뼈가 부러질 수도 있는 그런 모포를 덮기까지 고생을 했지만, 수술이 잘돼 오늘을 살아가고 있다.

죽기는 정말 싫었다

다섯 차례 수술로 성공은 했으나 그 과정에서 죽어 봤는데 그렇게는 수술 상처가 곪아서는 안 되기에 페니실린 주사를 매일 맞았다. 그러던 어느 날 주사 실수로 죽은 것이다. 맥박까지는 아니었지만, 시트 한 장을 옆에 갖다 놓고 시간도 분도 아닌, 초만 바라보는 의사들, 그때 나는 이 세상이 아닌 전혀 다른 세상, 이른바 저승, 풀 한 포기조차도 없어 황량하기만 한 벌판, 혼자만 있기에는 안 되겠다 싶어약 삼십여 분간 머물러 있다가 되돌아와 보니 의사들 전원(13명)이 지켜보고 있지 않은가.

그때 죽기 싫다는 말을 했지만, 언어가 되지 않아 왼편에 바짝 붙어 있는 담당 의사의 옷자락을 붙드니 의사는 "그래, 살았다."는 의미의 끄덕임이지 않은가. 그러고 나니 맘이 한없이 나약해져 부모 형제가 얼마나 보고 싶은지…. 나중에 우리 어머님이 오셨는데 어머니 얼굴이 확인될 때까지는 많이도 힘들었다. 생각해 보면 지금까지 살아서 지난날의 기억을 되살려 이렇게 글을 쓴다는 것이 얼마나 감사한 일인가. 하나님께서 아무에게나 줄 수 없는 특별하게 주신 복은 아닌지….

수술하기 위해서는 많은 혈액이 있어야 하는데 준비된 혈액이 부족해 기간병들의 피를 뽑아 수혈했다고 담당 의사가 말하지 않는가. 당시로 봐 피를 뽑아준 기간병들에게 보상이 있을 리 없어 그때의 기간병들을 찾아가 고마웠다는 큰절을 드려야 맞겠지만 맘뿐이다.

위병소 근무병도 걱정했을까

부상 소식을 서울 친구를 통해 부모님께 연락을 보냈는데 며칠이 지나도록 안 오시기에 연락이 안 되었나 궁금했는데 눈이 너무 많이 내린 바람에 교통 두절로 늦었다고 하시면서 위병소 군인들이 나무라더란다. 왜 이제 오셨느냐고, 그 말을 듣고 우리 아들이 큰 부상을 입었다는 것을 안 보고도 알 수 있었단다.

당시는 큰 병원이 많지 않아 수도육군병원은 대체로 큰 병원이라 군인 환자만이 아니라 일반 환자들도 입원할 수 있어서 많은 환자들이 수술을 받거나 입원 중이지 않은가. 그런 사정에서 병원장 전용차가 한 달가량 대기 차량으로 했으니 내가 얼마나 큰 부상인지를 위병소 근무병들은 알고 우리 어머니께 걱정스럽다는 말을 했으리라. 고마운 일로 그들도 내 수술이 잘되기를 바라는 기도를 했지 않았을까.

내 수술을 위해 헌혈을 기꺼이 해준 기간병들(보관된 혈액이 문제가 있었는지, 아니면 부족했는지), 수술을 집도한 의사들, 수술을 위해 병원 전용차를 한 달 가까이 대기 차량으로 내준 병원장(한밤중에 수술해야만 되는 상황, 그것도 다섯 차례), "최 상병을 위해 너희도 협조해라." 경환자들에게 말씀하신 간호장교, 출근하자마자 퇴근 때까지 오로지 내 침대만 지켜준 보조간호사(고등학교 졸업과 동시에 병원에 왔단다.) 이분들에게 고맙다는 인사나 드리고 싶다.

8. 편지를 준 병사, 만날 수는 없을까

"이 일병, 그때의 호칭으로 부르겠소. 이 일병도 그때를 봤겠지만 큰 부상으로 대퇴부동맥파열 부상입니다. 동맥이 끊어진 게 아니라 약 10㎝ 정도가 아예 으깨져 혈관을 새로 만들어 다리를 놓듯 해야 했는데 그것도 인조혈관으론 동맥을 연결해 보려다 보니 네 번이나 실패를 거듭해 결국에는 옆구리 정맥을 떼어다가 성공했습니다.

그렇게 해서 성공을 해 본래 다리보다는 못해도 활동하기에는 별 지장이 없이 살아갑니다. 이렇게라도 살아가게 수술해 준 의사에게 고맙다고 해야 할지, 그때 수술 과정에서 변형된 발을 제대 후 수차례 걸쳐 교정 수술로 이제는 크게 표나지 않게 걸어 다닙니다. 수술을 집도한 의사로서는 생식기 부위 가까이까지 절단해야 할지를 놓고 고민도 했지만, 기어코 살려보겠다는 일념으로 수술을 한 것이 잘되어 뿌듯했는지 "최 상병, 그래도 본인 다리가 낫지." 회진을 돌면서 그렇게 말하데요.

인조혈관으로 수술을 성공시켜 보려 했으나 실패만 거듭해 결국에는 다른 방법으로 성공했는데 성공을 했다고 다른 병원에서 사진도 찍어 가곤 그러데요. 수술 과정에서 수혈은 얼마나 많이 받았는지 느낌이지만 양으로 본다면 약 10리터는 아니었나 싶기도 한데 어쨌든 착한 맘들이 애써 고쳐준 다리로 살아가고 글도 씁니다."

병사의 편지

셈법으로는 셀 수 없는
또래들의 모래알
그들은 해수욕장 만든 작가다

추억을 만들자는 커플들
젊음이 있었던 전날
그리움마저도 삭제된 낭만

맘도 해당 사항에서 먼
오라 마라는 표지판은 없으나
하루는 말없이 간다.

젊음들을 응원해야 할 나이
걱정 마라 걱정 마라
떡 준다 해도 안 갈 테다

해수욕장이 부르고 불러
낭만들이 남긴 그대들 흔적
간직만 하라는 바닷물

팽창 인구 거론은 없지만

74억 인구 중 하나의 존재
대접 가치 모자란 일상

존재 의미 명암 하나
세상에 걸어 두고 싶다면
벽걸이시계 뭐라고 할까?
삶이라는 마당에서
숱하게 많은 언어들 중
사랑의 말 사용하는가 그대

부족해서는 안 될
물질 걱정 얄밉게 다가와
괴롭히고 있는가, 그대

이 일병 그날의 편지
한번 만나보고 싶은 정
나 어찌 모르는 척하겠는가

군대 아니고는 맛볼 수 없는…

IV.
대한민국
국회의원상

1. 국회의원 도전에 낙선했다면

　성인이라면 남녀 할 것 없이 똑똑하다고 생각하는 순간부터 국회의원을 하고 싶어 하지 않을까. 그렇다고 말하기라도 하듯 대한민국 국회의사당 건물은 여의도 노른자위 땅 20만 평 대지 위에 웅장하게 세워져 있다. 국회의사당은 애국심이 대단한 지식인들과 건축 전문가들이 오랜 논의 끝에 지어진 건물로, 당시 국회의사당 건물로는 동양에서는 최고라는 말도 들었단다.

　회사 출근길이 아주 없어진 지 한참이나 되어 버린 처지로 가볼 만한 곳은 없을까 기웃거리는 맘으로 국회의사당에 가볼 기회가 주어졌다. 그래서 국회의사당 내부까지는 들여다볼 수 없어 겉만 본 국회의사당. 건물 규모가 어마어마해서 어리바리 정신을 압도했다.

　의회 민주주의국가라면 어느 나라든 입법부가 있고 국회의원이 있을 것이 아닌가. 우리나라도 의회 민주주의국가라 입법부가 있고, 그래서 300명(20대)의 국회의원들이 의정 활동을 하고 있다. 열심까지는 몰라도 국회의사당에서 벌어지는 모습은 믿어도 될 만큼의 모습보다는 볼썽사납게도 쌈박질 모습만이지 급하다고 하는 민생 법안 문제 등은 아예 손을 놓고 있다는 국민들마다 질타인 듯하다.

　그렇지만 TV에 출연해서 말하는 국회의원들의 얘기는 유권자들 생각처럼은 아닌 듯해 실망까지는 아니나 국회의원으로서의 입법 활동을 양심적으로 4년간 잘 마무리하고 국회의원에 재도전하기보다는 또 국회의원이 되고자 공천 과정은 미안하지만 거의 전쟁 수준 아닌가.

그런 수준에서 후보자로 결정되기라도 하면 국회의원이 되는데 일차적 관문을 통과한 셈이라 좋기는 하겠지만, 국회의원 배지를 달게 되느냐는 전적으로 유권자들의 생각에 달려 있기에 본의 아니게 상대의 이미지를 깎아내리는 꼼수도 부리게 되는데 심할 경우 고발까지 가는 불미스러운 일까지도 있게 되는 것 같다.

국회의원이 되면 가문의 영광으로 여기고 선거운동 기간에는 밤잠도 제대로 못 잘 뿐만 아니라 있는 돈 없는 돈까지 쏟아부었는데도 당선이 못 되고 낙선했다면 나 같은 어리바리 새가슴은 몇 개월간 병원 신세를 질 것 같은데 국회의원에 도전한 인물들은 강심장들이라서 그런지 병원 신세까지는 아니고 국회의원에 낙선된 것이 무슨 큰 죄를 저지른 죄인처럼 당당하지 못하게 지낸다는 소문도 들린다.

지인 고향 친구가 국회의원에 도전했다가 낙선되자 이혼까지 당해 지금의 꼴은 말이 아니라는 것 같다. 그렇게 되기까지는 말리지 못한 가족 책임이 결코 적지 않다고 보는데 당선되었어도 일방적으로 이혼했을까. 그렇다. 국회의원이 되기 위해 도전했으나 낙선이 기다리고 있었지 않은가. 그렇다면 국회의원 도전은 낙선을 전제로 해야 했을 것이기에 "여보, 당신 그렇게 창피해 할 것까지는 하나도 없어요. 어느 자리에서든 누구 앞에서든 당당합시다. 당신 마누라도 당당할 테니…. 물론 많은 표 차도 아닌 몇백 표 차로 낙선했으니 당신 맘이야 속상하겠지만, 국회의원에 도전해 본 것만으로도 우리는 자랑할 만하지 않소. 그럴 기회조차 없는 서민들에 비하면 말이요. 그렇게 보면 우리는 지금도 과분한 삶을 살아가는 것입니다. 어느 날 TV를 봤는데 이금희 아나운서가 진행하는 '아침마당'에 출연한 이름 있는 개그맨은 사업 실패로 밖으로 나앉게 되었는데 평생 단돈 몇십만 원도 한꺼번에 만져 보지 못하고 희망도 없이 어렵게만 살아가는 처지들을 보니 사업 실패로 돈을 잃어 밖으로 나앉기는 했으나 나는 저 사람들보다는 잘살아온 사람이지 아니한가, 그런 생각이 문득 들어 그래, 재도전해야지 하는 용기가 솟더라는 거요. 우리도 그 개그맨처럼 당당해 봅시다. 도와줄 것이 있으면 내가 도와줄 테니…."

"…"

"그래요, 당락 발표가 3일도 안 돼 맘을 추스르기가 당장은 쉽지 않겠지만 국회의원 당선자에게 축하 난을 보내면 어떨까요? 꽃집에 부탁만 하면 될 테니까 당신만 괜찮다면 내가 다 알아서 할게요."

"…"

"이번 4·13 총선에서 20대 국회의원으로 당선되신 것을 축하드립니다. 국회의원이 되려고 해도 정치 구도상 통치자가 다 알아서 하는 북한 체제 말고는 어느 국가든 민주적인 선거라는 그런 제도하에서 경쟁해야만 하기에 내가 당선되려다 보니 상대 후보를 깎아내리는 바보 같은 짓을 선거 기간에 제가 의원님께 했는데 그랬던 점 사과드리는 의미로 작지만, 난을 보내드리니 받아 주시면 고맙겠습니다. 어쨌든 우리 선거구 유권자들께서는 더 나은 인물을 고르다 보니 저는 낙선되고 의원님이 당선되셨다고 저는 생각합니다.

저도 국회의원이 되겠다고 공약도 세우고 열심히 뛰기는 했지만, 결과는 낙선되고 말았는데 생각해 보면 지키지도 못할 공약들로 유권자들을 속이는 그런 공약이었나 싶어 유권자들에게 잘못했다고 사죄의 말씀도 드리고 싶은 지금의 마음입니다. 그러니 의원님께서도 선거 때 공약을 세우셨는데 그런 공약을 실천하시려고 애만 쓰지 마시고 편안한 맘으로 의정 활동을 하십시오. 세상일이 공약대로 된다면야 국가는 물론 지역 발전에 크게 이바지하는 일이겠지만 그렇게 되기는 현실적으로 제약 요건들이 얼마나 많습니까. 그런 점에서 제가 비록 낙선은 했지만, 의원님을 응원해 드리겠습니다.

두고 보면 아시겠지만, 유권자들을 만나더라도 의원님을 깎아내리는 그런 엉터리 말이나 행동은 절대로 안 할 겁니다. 의원님을 위해서보다는 저 자신을 위해서인데 의원님도 그렇게 느끼시겠지만, 우리를 지지했던 유권자들은 국회의원만 아닐 뿐이지 지식수준이 얼마나 높습니까. 학력으로든 모두가 국회의원감들입니다. 의원님께서는 그리 아시고 의정 활동을 하시길 바라고 건강 잃지 마시기 바랍니다. 김인천."

"여보, 이런 정도의 문구는 어때요?"

"아니, 당신 지금 보니까 별짓을 다 하려고 드네?"

"그게 아니라, 다음번에 또 국회의원에 도전할 거면 내숭이라도 떨어야 하지 않겠어요? 낙선한 당신의 맘이야 편치 않겠지만, 국회의원에 당선되지 못한 것이 죄가 아니라면 이렇게 집에만 있을 게 아니라 당장 시장에라도 가서 저를 지지해 주셔서 감사합니다. 이런 인사라도 드리는 것이 눈도장을 찍어 두는 거 아닌가요?"

"틀린 말은 아니지만…."

"틀린 말이 아니면 뭐가 문젠데요? 어서 일어나 옷이나 갈아입어요.

누워 있지 말고 나가게."

"허허, 알았어."

이렇게 해서라도 낙선 마무리를 깔끔하게 짓는다면 밖에 나가더라도 활발하지 않을까. 아직까지도 그랬다는 말을 들어본 기억이 없는데 남편들은 큰소리를 치는 것 같아도 실상은 어리석은 점이 많아서 남편의 모자란 부분을 마누라가 채워주어야 한다는 것을 아내들은 기억해 둘 필요가 있을 것이다. 잠자리서만 써먹으라고 다가가는 마누라가 아니라면 말이다.

말이 될지 모르겠지만 큰 머리는 남편이 움직이고, 잔머리는 마누라가 돌린다면 골패 용어로 아삼육일 것 같은데…. 아무튼 그랬다는 말이 보도라도 되는 날엔 유권자들에게 괜찮은 인물로 평가되어 다음 출마 때 효과로 나타나지 않겠는가. 엉터리 발상이 아니라면 국회의원에 낙선한 출마자들은 참고로 해도 좋을 것이다.

2. 국회의원으로 당선되었다면

그대가 20대 국회의원에 당선되었다면 먼저 축하 인사부터 드리겠다. 그렇지만 거리에 내걸린 플래카드를 보면 당선 문구가 "국회의원으로 당선시켜 주셔서 감사를 드립니다." 그리되어 있는데 바로잡아야 할 엉터리 문구로 "벼슬자리에 앉게 해 주셔서 감사합니다."밖에 달리 해석이 안 되는 문구니 "국회의원으로 당선시켜 주셨으니 이 한 몸 바치겠습니다." 이런 정도의 문구로 고치시라. 그래야 당선된 의미가 있을 테니….

국회의원은 보좌관이 9명이나 되고, 국가로부터 받게 되는 혜택도 그만큼은 당연할 것이나 보도에 의하면 천벌을 받아도 쌀 일로 자신이 갚아야 할 빚을 직위를 이용해 회사가 대신 갚아 주라고 해서 기업 경영상 어쩔 수 없이 편법을 써서 갚아 주었다면 아무리 정상이지 못한 사회요 잘못된 맘보라고 해도 이건 너무 심하지 않은가.

그런데도 유권자들은 그를 또 국회의원으로 당선시켜 주었다면 빚을 대신 갚아 달라고 직위를 이용한 국회의원보다도 유권자가 더 어리석은 것이다. 뭇매가 기다리고 있을지 몰라도….

유권자들은 나라가 정상적으로 굴러가기를 어찌 바라지 않겠는가. 그렇지만 유권자의 생각이 바뀌지 않고는 어려울 것이다. 이번 총선에서 패배한 여당을 보면 유권자들 생각이 높아졌을지는 몰라도 그동안은 국회의원들 잘못된 책임이 유권자에게 있음을 알아야 할 것이다.

우리는 국회의원들 잘못을 지적한다. 그렇지만 잘못이 국회의원만이 아니라는 것이 금방 들통난다. 동네를 청소하다 보면 금방 알 수있는데 청소하는 걸 보면서도 담배꽁초를 함부로 던지는데 나라를걱정해서 국회의원들에게 돌직구 말을 하려면 담배꽁초를 함부로 버리지 않는 것이 최소한의 기본 질서이지 않겠는가.

이번 20대 국회 4·13 총선에서 명암을 돌린 것이 쓰레기가 되어 지저분하게 발에 밟히고 있음을 생각해서라도 거리 청소를 좀 했으면했다. 그렇게 하려면 청소 인력을 동원해야 하기에 그만한 비용이 들것이나 보란 듯이 어깨띠 두르고 청소를 했으면 다음 선거에서 표로말했을 텐데 아쉽다.

다음에 또 출마할 거면 국회의원의 자격이 있는지는 작은 것에서부터 찾는다는 것을 알아 가진 돈으로 유권자들의 맘을 미리 좀 사 두어라. 그래야 당선되는 데 효과로 나타나지 않겠는가.

물론 그것을 누가 모르겠는가마는 그럴 만한 돈이 당장 있겠느냐고 할지 몰라도 돈이 있는 사람도 유권자들의 맘을 산다는 말을 들어본 기억이 아직도 없어 하는 말이다. 돈을 버는 것은 쓰자는 데 있다면 국회의원 출마용이 아니라도 사람들의 맘을 사는 데 써라. 그렇게 하면 보험 성격이리니….

3. 국회의원 바로 세우기 가족

전직 국회의원의 경험담이다. 국회의원이 되고서 지인의 말이 동생이 국회의원이 되고서 힘들었던 경제가 풀렸다고 말하더란다. 그것도 스스럼없이. 그래서 놀랐다고 한다. 국회의원은 아니지만 나도 그런 말을 들은 적이 있다. 전날에서 흔히 듣던 말로 세상을 곧이곧대로 살아서는 고생만 한다고 말이다. 사기꾼이 대접받던 시절이기는 하나 국회의원은 좀 달라야 하지 않을까.

보도를 보면 불법 자금이거나 여러 모양으로 연루된 국회의원이 작지 않은가 보다. 세비만으로도 크게 어렵지 않을 것 같은데도 말이다. 아무튼, 국회의원에 당선된 가족은 따뜻한 밥상이나 챙겨주는 그런 가족이 아니라는 생각으로 남편의 무보수 보좌관 역할도 좀 하시라.

"여보, 당신이 국회의원에 당선된 것을 당신의 아내로서 축하해요. 그렇지만 보도로는 국회의원들이 의정 활동은 그만두더라도 당원 구성조차도 미적거리면서 외국으로 놀러 가느니 어쩌느니 그런 보도던데 사실이 아닐 것으로 믿어보기는 하겠지만 그런 보도를 보는 유권자들은 우리를 어떻게 볼까 싶어 일상적으로 가게 되는 시장 가기조차도 두렵네요.

국회의원으로 당선되기까지 선거 기간 동안 유권자들을 향해 어떻게 하겠다고 했습니까? 국회의원으로 당선만 시켜주면 잘하겠다고 고성능 확성기까지 동원해 동네가 다 떠나갈 듯 소리소리 질렀지 않았소. 그랬으면 잘하는 척이라도 해야지 잉크도 마르기 전에 놀러 간다니 말이나 됩니까. 세상 물정 모르는 어린애 같은 철부지도 아니고…

제발 당신만은 그러지 마세요. 남의 것을 빼앗으려 덤벼드는 소말리아인들도 아니고 공부깨나 했다는 지식인들이 그게 다 뭐예요. 말도 안 되게… 그런 보도를 보면 너무 역겨워 구역질이 다 나오려고 하네요. 20대 국회의원 당선자 가족으로서…

그러니 내 남편이 국회의원이지만 좋아만 하지 않을 터요. 국민의 한 사람으로서 당신을 과감히 몰아세울 터요. 그리 알고 앞으로는 국가로부터 받는 세비도 집에는 단 몇 푼도 가져오지 마세요. 그것이 없어도 우리는 크게 어렵지 않으니…

물론 계좌로 자동 입금될 것이기에 받을 수밖에 없지만 떳떳한 의정 활동비라도 그것을 나는 생활비에는 단 얼마도 안 쓰고 그 돈을 모았다가 보좌관들을 위해 쓰라고 드릴 테니 그리 아세요.

세비는 의정 활동을 잘하라고 주는 돈이니 의정 활동비 외에는 쓸 생각을 하지 말고 돈이 좀 남는다 싶으면 그 돈을 보좌관들을 아낀다는 차원으로 보너스 형식을 취해서든 드리세요. 그래야 보좌관들이 고마운 마음으로 당신 의정 활동을 적극적으로 돕지 않겠어요?

보좌관들이 신나야 당신이 미처 생각 못 한 기발한 안이 나올 거고 그러지 않겠어요? 당신이 그런 국회의원이라고 보도라도 나는 날엔 유권자들이 무슨 생각을 하겠어요. 된 사람으로 보고 다음번에도 표로 말하지 않겠어요?

그런데도 의정 활동을 도와주는 보좌관들에게 수고 많다는 의사 표시는 못 할망정 보좌관들 월급을 착취하려 꼼수를 다 부리는 국회의원도 있다고 하네요. 돈이 아무리 좋기로서니 국회의원이기 전에 사람이 아니라는 생각이 드네요. 사실이 아니기를 바라는 맘이지만 정말 슬픈 일로 그러기까지는 가족의 동조가 있었기에 가능했으리라는 짐작입니다.

국회의원직을 걸었는지는 몰라도 돈 좀 챙기기 위해 허접한 시집을 팔고자 사무실에 카드단말기까지 갖다 놨다는 보도도 그래요. 하도 어이가 없어 여성으로서 항상 고운 말만 하고 살자는 의미로 입술에다 빨간 립스틱까지 발랐는데 욕 때문에 립스틱이 지워지려 하네요. 세상에 엉터리 사건이 많고도 많지만, 이 두 사례만으로도 국회의원들이 욕을 얻어먹을 만하네요.

얼마나 잘못된 국회의원이면 저렇게까지 할까 싶은데, 여자 입장에서 말하기는 좀 그러나 그렇게까지는 돈을 그리도 사랑하는 가족 때문은 아닐까 생각이 들어 그런 국회의원은 사회로부터도 고립시켜 버리자고 말하고 싶다면 순하지 못하다고 할까요?

다른 국회의원들이야 그럴지라도 당신만은 그런 엉터리 국회의원이 아니라 청렴으로든 좀 똑똑한 국회의원이 되세요. 국회의원을 그만두더라도 우리 후손들이 우리 할아버지가 몇 대 국회의원이셨다고 자랑도 좀 하게요.

자주 듣게 되는 자기 영달이라는 말도 당신만은 수치스러운 말로 생각하고 의정 활동에 당당하세요. 그것이 국가를 위하는 일이기도 하지만 가족들을 위하는 길이라고 보기에 하는 말이요. 아내로서 당신의 맘을 믿지만 굳은 맘이라도 변동이 있을 수 있어 혹 있을지 모르는 로비 자금도 단호하게 거절하라는 거요. 국회의원을 그만두면

두었지 정상적이지 못한 것에게다는 절대로 맘 두지 마세요.

돈이라는 문제에 있어 국회의원 가족으로서도 청렴해야 하기에 나는 거기에서 뒤로 물러나 있을 거요. 그러니 마누라 걱정은 하나도 할 것 없고, 대한민국 국회의원으로서 의원직을 걸고 할 말은 하세요. 친구니, 선배니, 동향이니 등 개 딱지 같은 생각으로 이 눈치 저 눈치 볼 거면 국회의원직에서 당장 내려오라고 말할 거요.

그런 잘못된 생각들이 국회의원으로 눌려 있어서는 나라가 정상적이지 않을 테니 똑 부러진 국회의원이 되라는 거요. 국회의원을 못 해서 죽게 된다면 죽기는 싫어 살자는 차원에서 꼼수를 부릴 수도 있을지는 몰라도 국회의원을 못 해 죽은 사람은 고금을 통틀어 그 어디에도 없지 않소.”

조심스러운 얘기지만 노무현 대통령은 대통령 때 청렴을 그리도 강조했지만, 퇴임 후에 탄로 난 불법 자금 백만 달러는 결과적으로 자살까지로 이어진 것이다. 그 사건이 보도되자 같은 당 박주선 국회의원은 TV에서 성수대교가 무너지는 소리라고 그렇게까지 말했다. 그 말의 의미는 노무현 대통령만은 전직 어느 대통령들과는 다르게 돈 문제만은 청렴할 것이라 믿었던 믿음이 한꺼번에 무너져 허탈하다는 톤이 아닐까.

백만 달러 수수 문제가 불거지자 전직 대통령으로서 자존심이 부담감으로까지 이어져 그것을 이기지 못해 결국에는 고향 집 근처 부엉이바위에서 자살하고 말았는데, 그 돈 백만 달러를 누가 받았겠는가는 청렴을 그리도 강조하셨던 노무현 대통령은 아닐 테고 영부인이 받았을 텐데 그런 불법 자금 수수에 대해 노무현 대통령은 TV에서 내가 직접 받은 돈이 아니라 현행법에 저촉되지 않는다고 말했는데 말이나 되는가. 궁지에 내몰린 사람치고 논리에 어긋난 변명을 하지 않는 사람은 거의 없겠지만, 노무현 대통령의 변명은 안쓰럽기까지 했다. 돈이 좋기는 해도 노무현 영부인은 대통령 평소의 말을 기억해 이겨냈어야 했는데 말이다.

불법 자금 문제로 검찰 호송차에 오르는 노무현 대통령을 보면서,

"노무현 대통령님, 영부인 단속도 좀 잘하시지 그러셨어요. 그리고 고향에 그렇게 계실 게 아니라 당장 짐 싸들고 서울로 올라오세요. 친환경 농법이니 뭐니 그러고 계시니 대통령님 얼굴을 보겠다고 수많은 사람들이 날이면 날마다 몰려가 동물원 원숭이 보듯 하잖아요. 그게 무슨 꼴입니까. 그것도 그렇지만 대한민국 대통령까지 지낸 분이 불법 자금 수수로 호송차에 오르다니요. 그것도 생방송이라 국민들이 다 보고 있는데 말입니다.

고약한 말일지는 몰라도 말로는 청렴을 줄기차게 주장했지만, 뒤로는 아닌 것이 탄로 나 검찰 호송차에 오르는 것 아닙니까? 영부인 권양숙 여사도 그래요, 인간사 돈이 아무리 좋기로서니 언젠가는 들통날 일을 깊은 생각도 없이 저지르다니요. 그렇게 되면 정권이 바뀌었으니 검찰이 조사가 들어갈 것은 자명한 일인데 말입니다. 불법 자금 수수 말이 나왔을 때 영부인이었다는 아무짝에도 쓸 데 없는 자존심 과감히 내려놓고, '국민 여러분, 제 잘못으로 국민들에게 심려를 끼쳐드린 데 대해 사죄드립니다.'라고 방송에서 직접 말하기가 어렵다면 언론 매체를 통해 이 정도 한마디만 했어도 호송차에 오르는 꼴사나

운 모습은 피할 수 있었지 싶습니다."

한마디 더 한다면 노무현 대통령 자살은 아내 권양숙 때문인데도 이명박 대통령에게 돌리려는 것은 엉터리가 아닐 수 없다. 남편의 자존심 문제는 전적으로 아내에게 있어서다.

"그렇게 봐서든 공직자 아내는 파지를 주워 파는 한이 있더라도 남편의 얼굴에다 먹칠하는 행동을 해서야 되겠느냐는 것이 그동안의 생각입니다. 그러니 당신 마누라는 어떤 일이 있어도 당신의 위신을 지켜줄 테니 그리 알고 입법 활동이나 잘해 주어야 날마다 만나게 되는 동네 분들에게 할 말이라도 있지 않겠어요?

당신도 알다시피 내 성격은 문 잠그는 것을 싫어해서 동네 분들도 오시게 해 부담이 되지 않은 선에서 대접도 해 드리고 그러지 않소. 물론 동네 분들 집에 가서 대접을 받기도 하지만 말이요.

이제까지는 그랬는데 동네 분들이 국회의원 집이라고 부담스러워하지는 않을까 그런 염려도 되기는 하나, 나는 전날처럼 동네 분들과 어울릴 겁니다. 문을 활짝 열어 놓고 말이요. 국회의원은 남편인 당신이 된 거지 마누라인 내가 된 것이 아니지 않소. 그런 의미로든 어림도 없는 착각으로 살지는 않을 테니 당신 마누라 말 인정이나 해 주세요.

지금까지 당신만의 절대적 메뉴인 잔소리를 마누라가 대신 그리도 늘어놓았는데 그러다 보니 시간이 벌써 12시가 다 돼 가네요. 이제 잠이나 잡시다. 오늘은 당신이 대한민국 국회의원으로 당선되었으니 오늘 밤은 축하의 의미를 살려 드릴게요."

4. 가족은 국회의원 특별보좌관

　남편이 국회의원이면 그의 부인은 그만한 혜택 너머의 혜택까지 누리려 한다는 것이 상식으로 되어 버린 오늘날 공직사회 풍토, 그런 풍토에서 국회의원의 생각을 바로 세우라고 말하기는 엉터리일지는 몰라도 대접해 주기 싫은 우월적 심리를 지니고 있는 국회의원들도 있어 보여 그것을 바로 세울 가족은 나올 수 없을까.

　행정자치부는 8일 '자치단체장 부인의 사적 행위에 대한 지자체 준수사항'을 각 지자체에 통보했다고 밝혔다. 단체장 부인이 개인적으로 공무원을 동원하거나 나랏돈을 쓰지 못하게 한 것이다. 비교적 점잖게 사적 행위라고 표현했지만, 단체장 부인의 파렴치하고 부도덕한 '갑질'을 막으려는 조치로 해석된다. 이 준수사항은 단체장 부인과 관련한 7개 금지 조항으로 돼 있다. 공무 목적 외에는 해외출장 경비지급 금지, 관용차량의 사적이용 금지, 사적 활동에 공무원수행 의전 금지, 사적 모임에 부하 직원의 부인동원 금지, 단체장 부인의 인사개입 금지….

　단체장 부인들은 광역·기초자치단체를 가리지 않고 곳곳에서 스스럼없이 금지사항을 위반했다. 경남 창원시는 안상수 시장 부부가 지난해 중국, 올해 유럽 출장을 갈 때 부인의 여행 경비를 시비로 지원했다. 비난이 거세지자 안 시장은 뒤늦게 부인의 경비를 반환했다. 전남 나주시는 강인규 시장 부인의 차량 운전과 의전을 여성 공무원에게 맡겼다. 단체장 부인들은 사실상 공무원 위에 군림했고, 나랏돈을 쌈짓돈처럼 사용했다. 단체장 부인들의 부끄럽고 추악한 민낯이 아닐 수 없다.

— 2016. 6. 10. 국민일보 —

위 내용은 국회의원이 아니기는 하나 고위 공직자 가족 중에 갑질 심리는 가족이 더 심하다는 것이 일반 시민들 시각인 듯해 안타깝다.

국회의원 가족들도 질세라 비리 중심에 있다는 것이 상식으로 되어 있다. 국회의원답게 활동하는 의원들까지 싸잡아 말하기는 뭇매가 기다리고 있을지는 모르겠지만 국회의원 가족의 생각이 바로 서야 국회의원이 바로 설 것이지만 그렇지 못해서 검찰에 불려가는 불미스러운 일까지 벌어져서는 그 영향이 자식들에게까지라는 것을 공직자 가족들은 알아야 할 것이다.

5. 국가가 발전하려면 혁신 투표라야

유권자라면 대통령 선거, 국회의원 선거, 지방의원 선거 등 거의 해마다 선거를 치르다시피 한다. 선거는 민주주의의 꽃으로 유권자는 의무로 알고 투표를 하곤 하지만 연령층에 따라 투표율이 달라 오십대 후반 연령층들은 투표율이 높다고 해서 후보자들은 높은 연령층에다 표 공략을 한다고 하는 것 같다. 그렇지만 지방색도 있어서 경상도니 전라도니 하는데 그런 지방색이 언제쯤이나 없어질지 답답하다는 생각도 든다.

지난 얘기지만 대통령으로 출마한 이명박 후보와 대결한 정동영 후보에게 던진 질문과 답변 전문.

— 질문: 20, 30대를 위한 특별한 홍보 전략이 있는지, 그리고 정치에 무관심한 젊은 유권자들에게 한마디 해 주세요.
— 정 후보: 그래요, 20대, 30대의 정치적 무관심, 정치적 냉소주의 현실이죠. 근데 최근에 변화가 왔죠? 촛불 집회 중심에 젊은이들이 있단 말이죠. 작년에 재작년에 월드컵 그다음에 미선이, 효순이 또 87년 6월 항쟁 이런 게 이제 복합돼서 축제이면서 분노의 표출이면서 즐거운 평화적인 그 독특한 한국판 아크로폴리스 문화라고 그럴까요?
그리스에 대화의 광장, 토론의 광장이 있었다면 촛불 집회가 한국 민주주의의 주역인 20대, 30대 젊은이들의 표현의 광장, 최근에는 분노의 표출의 광장, 그래서 이게 그분들의 정치적 무관심과 냉소주의로 상당 부분 그렇게 줄인 것 같아요. 투표하겠다는 사람이 20대, 30대가 많이 늘어난 것은 한국의 장래를 위해서 굉장히 바람직한 거죠. 실제 정치 행위는 그것이 영향을 미치는 것은 미래라고요. 미래는 20대, 30대들의 무대라고요.

그런 의미에서 한 걸음만 더 나아가서 생각해 보면 60대 이상 70대는 투표 안 해도 괜찮아요. 꼭 그분들이 미래를 결정해 놓을 필요는 없단 말이에요. 그분들은 어쩌면 이제 무대에서 퇴장하실 분들이니까…. 그분들은 집에서 쉬셔도 되고, 다시 하면 20대, 30대는 지금 뭔가 결정하면 미래를 결정하는데 자기의 이해관계가 걸려 있잖아요. 무대에 올라갈 사람이란 말이에요. 이해관계로 봐도 투표에 참여하는 게 자기의 이익이라고요. 자기들 운명을 자기가 결정하는 건데….

— 인터넷 —

노년층들은 이런 발언을 놓고 발끈해서 결과적으로는 이명박 후보를 도와준 역효과를 낳았다는 평가였다. 노인들 표는 대부분 여당 표일 테니 그것을 막아보자는 머리 좋은 생각이었을지 모르겠지만, 되레 보수층을 뭉치게 하는 효과만을 낳고 말았다는데 나도 동의한다. 그렇지는 않았겠지만, 진심이라기보다는 꼼수를 부렸다는 세간의 논지 때문이다.

지방색이 짙다고 해서 나라가 잘못될 일은 없겠으나 국민은 그런 문제에서 잠을 깰 때가 되었다고 본다. 사회는 날로 진보한다. 얼마나 빨리 진보하느냐도 있겠지만, 우리나라 바둑계에서 이름을 날리는 이세돌 9단과 인간이 개발한 인공지능 알파고와 바둑 대결에서 보여준 사건은 현대인들도 놀랄 일이다. 일본에서는 인공지능이 쓴 소설까지 나왔다면 오늘날의 사회가 그만큼 빨리 변하고 있다고 봐야겠다.

세상은 이렇게 변하고 있어서 그로 인해 현재의 인기 직종이 얼마 지나지 않아 거의 사라질 거라는 보도고 보면 거기에 대한 대비책도 강구해 두어야 하지 않을까. 내일을 꿈을 실현하기 위해 날마다 애를 쓰는 젊은 층들은 더더욱….

그래서 나라의 일꾼을 뽑을 때도 될 수 있으면 젊은 층을 뽑자는 것이다. 나이 70대가 넘지 않게 말이다. 이렇게 말하는 것은 나이가 많을수록 변화를 바라지 않기 때문이다. 변화는 발전을 말하는데 발전은 실수를 전제로 하지 않은가. 실수를 두려워해서는 발전이 없고, 발전이 없으면 우리 대한민국이 지구 상에서 사라질지도 모른다는 해석이다.

전직 어느 의원은 방송에 나와서, 초선 국회의원들은 국회를 몰라도 너무 모른다고 말한다. 국회 운영 면을 몰라서야 안 되겠지만, 다선 의원들도 국회를 전혀 모르다시피 한 초선일 때가 있었지 않은가. 그랬지만 배우고 또 배워서 다선으로까지 되어 지금은 초선 의원들을 가르치듯 그러지 않는가. 그런데도 개구리 올챙이 적 말하듯 하시다니….

시대가 변한 오늘날에도 국회의원들의 모습은 그대로이지 않나 싶어 나이를 먹은 입장이지만 이유를 찾아보면 국회의원을 오래도록 한 이력에다 붙여주는 말로 정치 9단이다. 정치 9단짜리들이 쌓아온 그동안의 노련미로 자기 정치만 꾀하다 보니 국회 모습은 지금까지도 비정상이지 않은가.

20대 국회의장을 놓고도 여당과 야당이 서로 가져가겠다고 힘겨루기를 하다 결국은 여당이 양보한 모양새를 취했다는 논평가들의 진단이기는 하나 국회가 잘 돌아갈지는 정세균 국회의장 능력에 있겠지만 여야 대결만으로 그동안 막혔던 국회 활로가 잘 풀렸으면 하고 국민은 바라지 않을까.

정치 9단이니 노련미니 하는 것이 자랑일 수는 없다. 의정 활동에 있어 경험 많은 노련미들이 더 나을 수도 있겠지만, 노련미들 대부분은 생각을 안정에다 둘 것이다. 변화를 싫어하는…. 안정도 좋지만 조금은 실수하더라도 앞으로 나아가는 변화 없이는 내일을 기대하기 어렵다. 그런 점에서 창조를 말하고 싶은데 창조는 노련미에서 나오지 않는다는 것을 증명하는 것이 일본 전자업계다. 일본 전자업계 얘기가 나왔으니 우리나라 전자업계가 일본 전자업계를 뛰어넘을 수 있었던 얘기를 잠깐 해 보자.

삼성그룹 회장단 워크숍에서 이건희 회장이 "우리 삼성그룹이 잘나가는 일본 전자업계를 뛰어넘을 수는 없을까요?" 하고 사장들에게 질문을 던졌다. 그랬지만 사장들은 느닷없는 질문이라 어리둥절하다가 어려울 것 같다고 했다. 그 말끝에 맨 뒷자리에 앉은 부사장이 벌떡 일어나더니 "해 보지도 않고 어렵겠다고 하십니까?" 대뜸 그렇게 말을 하는 바람에 워크숍 분위기가 쫙 가라앉고 말았단다.

그렇게 해서 평면 TV가 만들어져 우리나라 TV가 세계인들 안방을 독차지하다시피 하는 것 아닌가. 그렇게 되기까지는 노련미가 아닌 실패를 두려워하지 않은 젊은 피에서 나온 것이다. 이런 것들로 보아 유권자들은 잠에서 깰 때가 되었다고 본다.

6. 김용태 국회의원을 응원한다

　역사적 소명의식이 없어서 애꿎은 경찰들만 매 맞고 있는 지금의 현실에서는 적어도 강력한 법치 외엔 그 어떤 특효약도, 처방도 없다.

　한나라당이 지금까지 그려왔던 정치 지형은 집권당으로서 지녀야 할 시대적 소명의식과 역사의식을 잊고 지나왔다고 해도 과언이 아니다. 김용태 의원의 말 속에 원칙과 용기가 없었던 한나라당의 지난날에 대해 무던히도 안쓰러워하는 그의 느낌이 물씬 배어나고 있었다.

　포퓰리즘에 절어 있는 기가 막힌 국회의원들을 많이 보아 오다가 민주주의 신념과 원칙에 투철한 김용태 의원을 보고 많은 느낌을 받았다는 것이 거기에 참석한 많은 패널들의 이구동성이다. 한나라당 국회의원이면 누구나 겁내는 '종부세 폐지' 문제를 김용태 의원은 선봉에 서서 강력하게 폐지를 주장함으로써 포퓰리즘을 제쳐 버렸고, 지역민으로부터 환호를 받았다. 왜 환호를 받았는지에 대한 이유는 모든 국회의원들이 그를 벤치마킹해 보면 알게 될 것이다.

　자본주의 사회에 돈이 흘러야 한다고 기염을 토하며 목동, 강남 부자들에게 꿀밤을 때리는 재미를 보다가는 모두 다 망하고야 만다는 김용태 의원의 민주주의에 대한 신념. 그래서 지금은 생계형 부동산이 최소한 거래가 이루어지는 환경을 조성해야 한다는 김용태 국회의원의 말에서 대한민국 국회의원의 새로운 활력의 틀을 느낀다.

　한나라당이 국민들에게 유약하고 무력하게 보였던 것은 의지박약과 실력 부족이며, 반면에 상대 친북 정당인 민주당은 대응 전략과 싸움에서 능숙함이 있다는 그의 말에서 한나라당의 어쭙잖은 현주소가 여실히 드러난다. 솔직 담백하고 똑똑하고 힘찬 원칙주의자 국회의원을 보면서, 지금까지 일부 국회의원들에 대한 절망감을 잠시 접어둘 수가 있었다.

— 자유언론인 협회장 양영태 —

김용태 의원의 새누리당 당 대표 경선 출마 선언 전문

뼈를 깎는 혁신으로 제2 창당 이뤄내겠습니다. 꺼져가는 정권 재창출의 희망 살려내겠습니다. 대한민국 정치의 중대 분수령이 되겠습니다.

'혁신 대표', '세대교체 대표'가 되겠습니다. 저는 새누리당 당 대표 경선에 출마합니다. 지려야 질 수 없었던 총선에서 참패한 후 새누리당은 속절없이 무너져 내리고 있습니다. 저는 뼈를 깎는 혁신으로 새누리당을 일으켜 세우고자 합니다. 제2 창당으로 꺼져가는 정권 재창출의 희망을 살려내고자 합니다. 대한민국 정치에서 저 김용태가 중대 분수령이 되고자 합니다. 저는 저 자신과 새누리당 동지들께 이렇게 묻습니다.

"지금의 새누리당은 과연 집권할 수 있는가?" "지금의 새누리당이 대한민국의 미래를 위해 집권하는 게 맞는가?" 저는 대한민국 최고 주권자인 국민 앞에 "예!"라고 답하지 못하겠습니다. 총선에서 민심의 냉엄한 심판을 받고서도 잘못을 고치지 못하는 당에 대선에서 국민들이 지지할 리가 없기 때문입니다. 성찰과 혁신은 고사하고, 더 견고한 계파 패권주의로 무장하려는 정치 세력에게 국민이 박수 치며 응원할 리 만무하기 때문입니다.

자신이 직면한 위기를 용기 있게 돌파해 내지 못하는 당에 국민이 대한민국 위기 극복의 지휘봉을 맡길 리 없기 때문입니다. 총선 과정에서 있었던 과오를 회피하지 말고 정면으로 마주해야 합니다. 반성하고, 고쳐서 새 출발을 해야 합니다. 계파 패권주의와 결별해야 합니다. 이견을 포용하고 정치 발전의 에너지로 삼는 민주주의를 살려내야 합니다. 두려워할 이유가 없습니다. 당을 바꿔 더 좋은 정치를 만드는 일이고, 대한민국을 위해 이로운 일이기 때문입니다.

새누리당이 정권 재창출의 희망을 되살리려면 오직 한 길, 용기 있는 변화와 뼈를 깎는 혁신의 길뿐입니다. 올해 나이 마흔여덟인 제가 감히 집권당의 당 대표가 되어, 이 길을 가고자 합니다. 저 자신을 던져 저 스스로 한국 정치의 중대 분수령이 되고자 합니다. …(하략)

— 인터넷 — 2016. 6. 27.

김용태 국회의원은 당 대표가 될 충분한 자질을 갖춘 의원으로 봐 김용태 국회의원에게 더 확실하게 하라는 주문의 글을 쓰려고 했다가 경선 과정에서 취소되어 버린 바람에 그만두었지만, 그때의 생각을 떠올려 적는다면, 20대 국회의원으로서 정진석 원내대표가 혁신위원장으로 내정했을 때 반대를 않고 해 보겠다고 나서려 했으나 당 분위기상 없었던 일이 되고 말았는지는 몰라도 스스로 못 하겠다고 물러선 것으로 알려져서 아쉽다. 그것이 사실이라면 그렇게 두루뭉술하게 그만둘 게 아니라 국회의원직을 걸고 다음과 같이 말했어야 했다.

"본 의원이 의원님들에게 드리지 않으면 안 될 말씀이 있어 드리겠습니다. 정진석 원내대표님께서 본 의원에게 당 혁신위원장직을 맡아 주었으면 고맙겠다는, 전혀 생각지도 못한 좀 느닷없는 제안의 말씀을 듣고 당황도 했고 어리둥절했습니다. 여당 새누리당 혁신위원장직은 아무나 맡을 수 없는 직으로 출중한 의원님들이 계심에도 본 의원에게 제안하셨다는데 그랬습니다.

그렇지만 정 원내대표님께서 그런 제안을 본 의원에게 하시기까지는 많은 고뇌 끝에 결정을 내리셨으리라 싶어 저는 혁신위원장직이 자신이 없다고 거절하지 못하고 순종하는 맘으로 생각할 시간을 좀 달라고 해서 혁신위원장직을 맡겠다고 한 것입니다. 그러면 본 의원이 생각하는 당 혁신 방안을 응해 주셔야지 그렇지 않고 뒤에서 딴 말씀들을 해서야 건방진 말일지 모르겠지만, 대한민국국회의원 자질이 의심스럽다고 생각하는데 말씀들을 한번 해 보십시오.

먹지 말아야 할 음식을 잘못 먹고 체한 사람처럼 뒤에서 구시렁거리지만 말고, 혁신위원장직으로는 어울리지 않으니 그만두라고 공개적으로 말씀하시든지 그래야 혁신위원장직을 그만두더라도 그만둘 명분이라도 서지 않겠습니까.

듣기에 고약한 말일지는 몰라도 우리 새누리당은 아직도 친박이니 비박이니 그런 말이 당연시되고 있는데 새누리당은 국회를 이끌고 가야 할 어디까지나 여당이지만 잘못하고 있다는 것을 국민들은 이번 4·13 총선에서 확실하게 보여주신 것이라고 본 의원은 생각합니다.

그렇게 봐서든 국민들로부터 매를 맞아도 한참 맞을 패거리들처럼 친박이니 비박이니 지금까지도 그러는데 언제까지 그럴 겁니까. 대한민국 국회의원으로서 창피하지도 않으세요? 의원님들께서는 개인적으로 지식인들이십니다. 그렇다면 지식인답게 국회의원으로서 분명히 하셔야 하지 않을까요? 지나친 말일지 몰라도 그것이 전혀 안 보여요. 물론 같은 의원으로서 어울리지 않은 발언이기는 하나 제발 그러지들 맙시다. 그동안의 엉터리 정치를 이제는 어떤 일이 있어도 청산하고 말겠다는 각오로 박근혜 대통령과의 관계도 끊겠다는 선언만이라도 합시다.

물론 정신까지는 아니지만, 국정에서만은 어디까지나 입법부로 그 역할을 분명히 하고서 새누리당을 지지해 달라고 국민에게 호소해야 새누리당 명분이라도 서지 않겠습니까. 20대 국회의원 선거가 끝난, 버스는 이미 떠나가서 할 말은 없겠으나 우리 새누리당이 이번 4·13 총선에서 패한 것은 누가 뭐래도 친박이니 비박이니 패거리 정치 탓이라고 본 의원은 생각하는데 틀린 건가요? 그래요, 의원님들께서야 아니라고 부인하실지 몰라도 언론들은 날이면 날마다 그렇다고 보도하고 있는데 그때마다 국회의원으로서 너무도 창피해서 얼굴을 들고 거리를 나다닐 수가 없어요. 의원님들이야 그러려니 하실지 몰라도….

정 원내대표님께서 본 의원을 어떻게 보고 혁신위원장으로 세울 생각까지 하셨는지는 여쭤보지를 못해서 모르겠지만, 김용태 의원, 너는 엉터리가 되어 버린 새누리당을 혁신할 적격자다, 그런 판단이셨기에 본 의원이 혁신위원장직을 맡게 되었다면 의원님들께서도 동참

해 주셔야 혁신이고 뭐고 되지 않을까요? 본 의원 생각이 틀리지 않는다면 듣기조차 민망한 친박이니 비박이니 끼리끼리 당이라는 오명을 깨부숴 버리겠다는 생각으로 나섰는데 그것이 무산되는가 싶어 자괴감마저 듭니다. 물론 그렇게 기필코 해내고 말 것이라는 확신까지는 말할 수는 없어도 시도만이라도 할 각오였는데…."

혁신위원장직을 그만두더라도 이런 정도의 발언이라도 하고 그만두었더라면 김용태 의원 주가는 상한가를 기록했을 것은 물론이고 지금의 선거구에서 내리 3선을 했다면 다음번 선거 4선부터는 아예 무투표 당선이 되었을 것으로 스스로 의원직을 그만둘 때까지는 누구도 넘보지 못할 영원한 국회의원으로 국회의원 선거 사상 기록을 남길 수도 있었을 텐데 조금은 아쉽다.

그렇지만 만약 김용태 의원 선거구 유권자들을 만나기라도 하면 일부러 말을 걸어 대한민국 국회의원 중에 김용태 의원만 한 야무진 국회의원 없으니 다음에 또 출마하면 당선시키라고 말해야겠다. 김용태 국회의원님, 파이팅!

7. 고급 두뇌들은 정치하지 마라

어느 분야든 거기에 맞는 제목이 있다. 국민의당 안철수 의원도 젊은 세대들의 우상이다. 그런 인물이 정치해도 될지는 본인에게 물어봐야겠지만, 국회의원 제목은 아니라고 감히 말하겠다. 비하 말이 아니다.

학생이라면 누구도 가고 싶어 하는 카이스트. 안철수 의원은 거기서도 석좌교수이기도 하지만 벤처기업 오너란다. 그런 인물이 지금까지의 정치가 맘에 안 들었는지 정치의 틀을 바꿔보겠다는 대단한 각오로 진흙탕 같은 정치 마당에 과감히 뛰어들어 지금은 2선 국회의원이면서 교섭단체 제3당인 국민의당 당 대표까지 되었다가 지금은 아니지만, 안철수 의원이 정치 마당에 발을 들여놨으니 국회의원으로서 앞으로 잘해주길 국민으로서 그를 지지했던 맘들은 바랐을 것이다. 그랬을 텐데 비례대표 선발 문제로 쩔쩔매는 모습은 안쓰럽기까지 해서 잘하리라는 믿음은 이미 멀리 가 버렸는지 안철수 의원 지지도가 바닥세라고 한다.

그렇게 된 이유를 몇 가지만 든다면 안철수는 정치인으로서 새 정치를 해 보겠다면서 지금의 박원순 서울시장에게 양보했고, 대통령 후보도 문재인 후보에게 양보했다면 정치 세계에서는 있을 수 없는 일로 세계 정치 사상 기네스북에 올릴 만도 한 그런 양보는 아닐까. 지금까지의 모습은 건방진 말일지는 몰라도 정치는 그만두더라도 세상사 아무것도 모르는 철부지나 다름 아니라고 감히 말하겠다.

그런 양보도 안철수 의원으로서는 인간사 삶에서 칭찬받아야 할 미덕으로 생각할지 모르겠으나 서울시장 후보 양보도 그렇고, 대통령 후보 양보도 그런데 안철수 의원에게 양보를 받은 처지들로서는 환영할지 몰라도 그런 양보는 바보가 아니고는 도저히 있을 수는 없는 일이다.

안철수 의원이 펴낸 『안철수의 생각』이라는 책에서 대한민국 대통령이 된다면…, 그럴듯한 생각의 말을 했던데 그것은 그렇게 해 주기를 바라는 국민 입장들이 하는 말이지 새 정치를 해보겠다는 사람이 할 수 있는 말은 전혀 아니다. 그렇게 말할 수 있는 것은 따라오라는 취지의 말이기 때문인데 현대사회에서 자기 생각으로 살아가고 기회만 주어진다면 앞장서려고들 하지 않은가. 경쟁이 용납되는 민주주의 국가 말이다.

안철수 국회의원이 정치를 오래 할 거고 대통령이 되겠다는 꿈이면 지금이라도 그런 점을 인정하고 안철수만의 깃발을 당당하게 들고 "나는 앞으로 하늘이 무너져도 이렇게 하겠습니다." 국민들에게 감동이 될 만한 호소력 있는 말을 하시라.

그것이 전혀 안 보여선데 길지도 않은 문장의 말을 쪽지에 적어 초등학생 국어책 읽듯 그래서야 어디 국민들의 신뢰를 얻겠는가.

앞으로는 그럴 게 아니라 국민들이 납득할 수 있는 말을 똑 부러지게 하시라. 20대 국회에서 여당 야당, 당마다 원 구성 문제에 매달리느라 국회 의정 활동을 못 한 것 같은데 그것을 두고도 국회의원으로서 의정 활동을 안 했다면 그동안의 세비를 안 받겠다고 말했다.

그러면 안철수 개인만인지, 국민의당 의원들 모두인지 분명치가 않다. 간단하지만 이런 것조차도 똑 부러지게 하지 못해서야 어디 대한민국 대통령이 되겠다는 꿈이라도 꾸겠는가. 안철수 의원은 국민 수준을 몰라도 너무 모르는 것 같다. 요즘에 대학 나오지 않은 사람이 몇 명이나 되겠는가. 그런 점에서 국민들은 바보 멍청이로 보지 말라는 것이다. 국회의원만 아닐 뿐 나름대로 다들 똑똑할 것이니….

8. 사드 배치 문제를 국민투표라니

사드 배치 문제에 있어 성주 지역민들이 "왜 우리 지역에다 사드 배치를 하려고 하느냐"며 혈서를 쓰기도 했다. 사드 배치는 우리나라를 위한 배치가 아니라 주한 미군 보호 차원이라는 말도 한다. 북핵으로부터 보호받을 가치가 높은 수도권은 상관없다고 하면서. 그렇지만 사드 배치 문제는 통치권자의 결단으로 미국과의 군사적 무게가 너무 무겁기에 이 같은 결단을 내렸을 것이다. 중국과의 외교적 문제도 크기는 하지만….

국방부가 사드 배치를 하겠다고 발표해 버린 상황에서 우리 국민은 사실로 받아들이는 분위기이지만 내 동네만은 안 된다고 해당 지역 국회의원들까지도 들고 나서고 있다면 사드 배치 지역민들이 금방 조용해질 것 같지가 않다.

이런 문제에 있어 대통령이 나서야 한다느니 여러 얘기 중에 사드 배치 지역에는 '인센티브' 운운하기도 하는데 그것이 지역민들을 달래는 한 방책일 수는 있겠으나 이명박 정부 때 하늘을 찔렀던 광우병이라는 괴담 생각이 다 난다. 온 나라가 시끄럽던 광우병 괴담처럼까지는 아닐 것이나 국회의원들까지 벌 떼처럼 들고 나서야 하겠는가.

사드 배치 문제를 반대할 거면 우리 지역이라는 말은 빼라. 동네 이장들도 아니고 그게 뭔가. 말도 안 되게. 국회의원 위치는 어떤 위치인가. 국사(입법)를 논하는 그런 위치가 아닌가. 그러면 떼거리로 우리

지역 운운은 미안하지만, 국회의원 자격 미달자들이라고 감히 말하겠다. 사드 배치 문제는 느닷없는 게 아니라 2014년부터 나온 얘기로 박근혜 대통령은 군 통수권자로서도 고민했으리라.

군대에 갔다 왔다는 안철수 의원도 그렇다. 사드 배치 문제를 국민투표 운운했다가 아무래도 아닌 것 같아 돌연 취소했다. 그러면 미안하지만, 안철수 의원은 대통령 꿈을 접어야 할 것 같다. 사드 배치 문제는 곧 군사 문제로 비밀이 맞겠지만, 그 무엇도 다 까발려야 하는 현대사회라 그것을 무시할 수도 없어 국민들의 알 권리 차원에서 공개한 것이지만 사드 배치를 하고 안 하고는 군 통수권자인 대통령 결단 사안이다. 안철수 의원이 말하는 논의 대상이 아니라. 군이 사드 배치 문제를 국민투표 말을 할 거면 헌법에 명시된 '군 통수권자'(군 통수권은 명령권의 다른 말) 명칭을 고친 다음에 국민투표 말을 하든지 해야 할 것이다.

9. 안철수 의원은 본래로 돌아가라

안철수 의원도 서울대 출신으로 본인도 정치할 수 있다는 생각으로 정치계에까지 뛰어들어 국회 교섭단체 제3당 국민의당 대표까지 자리를 거머쥐었다면 승리라고 착각할지는 몰라도 그렇게까지는 국가 내일의 문제는 안중에도 없고, 자기 영달에만 취해 있는 맘들이 오로지 국회의원 당선만을 위해 머리들만을 굴리다 보니 상황 판단이 흐려 국민의당을 국회 교섭단체 당으로까지 만들어준 모양샌데 안철수 의원은 어떤 입장인지 묻고 싶다.

안철수 국회의원을 보도로 보면 현재의 정치 행보는 영 아니니 지금까지의 정치를 과감하게 내려놓고 본업으로 돌아가 컴퓨터 바이러스 백신을 개발해서 무상으로 보급했듯 앞으로도 그렇게 하시라. 그것이 안철수라는 인물로 역사에 길이길이 남으리니….

안철수 의원 머리는 컴퓨터 바이러스 백신 개발을 뛰어넘는 그 무엇도 개발해 내리라는 믿음이다. 국가적으로 보배 같은 귀중한 인물이 어쩌다가 전혀 어울리지 않는 정치 마당으로 뛰어들었는지 국민의 한 사람으로서 정말 안타깝다. 기존 정치인들이 말로만 국가를 위할 뿐 자기 영달에만 취해 있음을 보고 대한민국이 이래서는 안 된다는 거룩한 생각 때문에 정치계에 뛰어들어 예상치 못한 38석이라는 결과까지 맛보고 있는지는 몰라도 그런 착각에서 빨리 벗어나야 한다.

따라서 비례대표 과정이 매끄럽게 진행되지 못했다고 선관위로부터 고발당해 쩔쩔매다가 결국 당 대표직을 내려놓기는 했지만 국민들이 납득할 만한 명쾌한 명분도 없이 두루뭉술하게 당 대표직만 내려놓아서야 하겠는가. 그러니 안철수 의원은 맞지도 않은 정치를 현재처럼 계속해서는 국민에게 욕을 얻어먹는 꼴일 뿐이니 정치계를 하루빨리 떠나라. 빠르면 빠를수록 좋을 것이니….

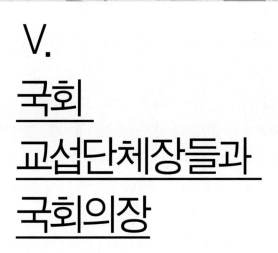

V.
<u>국회</u>
<u>교섭단체장들과</u>
<u>국회의장</u>

1. 새누리당 국회 교섭단체 연설문(정진석)

　존경하는 국민 여러분! 그리고 국회의장, 선후배 국회의원 여러분!

　국회의원 숫자적으로도 활기차야 할 새누리당이 야당에 빼앗긴 부끄러운 당이 되고 말았습니다. 이렇게까지 되기는 새누리당이 수권정당의 역할을 제대로 못해 국민들의 심판이겠지만 새누리당 원내대표로서 정말 죄송합니다. 국민들께서 그렇게 만들어주신 것은 새누리당이 미워서가 아니라 이제부터라도 잘하라는 채찍으로 알고 분발하겠습니다.

　그런 점에서 말씀드린다면 대통령을 만든 여당으로서 대통령 국정 철학을 뒷받침해도 부족할 판국에 어깃장을 놓는 그런 사태까지 국민들에게 보여드렸는데 앞으로는 국회 연설문을 원내대표가 작성했다 하더라도 상임위에서 잘되었는지 검토하고 상임위 모두 사인으로 해서 발표하겠습니다.

　이렇게 말하는 것은 제가 새누리당 원내대표로서 대통령 국정 철학을 반대하는 느닷없는 발언으로 당이 분열위기까지 갈 뻔했습니다. 국회 교섭단체 연설은 개인이 아닐 진데 연설문을 원내대표 한 사람에게만 맡겼다는 것은 새누리당이 잘못하고 있다는 방증입니다.

　둘째, 여당은 국가를 위해서는 대통령과 한몸이라면 움직임도 함께해야 한다면 대통령에게 말씀드려 매월 한 차례씩은 만날 것입니다. 물론 야당과도 함께해야겠지만 그것은 그것대로 두고 말입니다. 지금까지 보면 아주 특별한 때만 만나게 되는데 그래서야 어디 대통령과 소통이 제대로 이루어지겠습니까. 소통이 제대로 이루어져야 이해를 하고, 이해가 되어야 잘못된 생각을 수정이라도 하지 않겠습니까.

셋째, 국회를 들여다보면 아직도 야당은 무서운 존재의 당입니다. 이래서야 어디 정상적인 국회며 국민들에게 잘해보겠다고 말이라도 꺼내겠습니까? 그러니 이제부터는 야당의 의견을 국정에 포함하자고 대통령에게 건의할 것입니다. 야당이건 여당이건 국가를 위하자는 국회라면 국가를 망칠 내용인지를 따져 상당 부분은 야당에 넘겨주어야 한다고 봅니다.

경기도 남 지사께서는 도지사로 당선되자마자 부도지사로 야당 인사를 발탁했는데 그런 의미를 살려서라도 당만을 위하는 국회가 아니라 국가를 위하는 국회를 만들겠습니다. 천재지변이 없는 한 기필코…:.

넷째, 국회의원, 국무총리, 장관, 대통령은 병역을 필한 자만으로 하자는 것입니다. 군대에 가지 않았어도 고위직에 오른다는 것은 국민들을 무시하는 처사로, 다른 것은 봐 주더라도 병역 문제만은 반드시 따져 묻자는 것입니다. 징병검사 불합격으로 군 면제를 받았다 하더라도 현재 건강하다면 징병검사만 피한 것으로 간주하고 공직 5급 이상은 할 수 없게 할 것입니다. 경청해 주셔서 감사합니다.

정진석 원내대표는

정진석 원내대표는 새누리당을 새롭게 해보려고 애를 씀이 눈에 보인다. 나이도 젊지만, 다선의원도 아닌 김용태 의원을 혁신위원장으로 세우려다 무산되고 말았지만, 이제부터는 이정현 대표와 진지한 얘기를 나눠보면 어떨까. 원내대표는 어떤 상황에서도 협상 달인이 되어야 한다는 의미를 살려.

"대표님은 대표 당선 일성으로 이제부터 계파가 없다고 말씀하셨습니다. 그렇지만 계파는 얼마나 견고합니까. 가히 철옹성입니다. 그래서 그것을 깨볼까 해서 김용태 의원을 혁신위원장으로 세웠지만, 당내 분위기는 받아들일 수 없다는 이유로 무산되고 말아 많이도 아쉽습니다. 이런 문제에 있어 대표님께서는 저보다 고민이 더 크실 테지만 이런 계파로 대선을 치러서는 승리할 가능성은 매우 희박하다고 저는 봅니다. 대통령께서도 이런 문제를 알고 계시겠지만 정확하게 말씀드릴 필요가 있어 그렇게 말씀드릴 분은 대표님이라고 저는 봅니다."

2. 더불어민주당 국회 교섭단체 연설문_(김종인)

　존경하는 국민 여러분! 그리고 국회의장, 국회의원 여러분!

　박근혜 대통령을 만들어낸 장본인이라고 말할 수도 있는 입장인 제가 더불어민주당 국회 교섭단체 연설자로 이렇게 섰다면 아이러니하지 않은가요? 박근혜 대통령과 정책적 이유로 헤어진 것도 아니라면 말입니다.

　아무튼, 대통령을 만들어낸 주역이라면 죽으나 사나 거기에 머물러 국가를 위해 무언가를 창출해 내야 상식에 맞겠지만, 대통령이 추진해 나가는 국정 운영에 트집을 잡거나 해서 제대로 못 하게 붙잡고 있는 모양새인 야당으로 이렇게 들어왔습니다.

　많다면 많은 70대 후반 나이로 그동안 비례대표로만 이번까지 다섯 차례라고 언론에서 그리 말하던데 저는 그것을 기억하고 있지는 않으나 어쨌든 나이를 먹어가지고 주책이라는 말을 들을지라도 지금까지와는 전혀 다른 국회상을 만들겠는데 몇 가지를 들어 말씀드리겠습니다.

　첫째, 야당 선명성입니다. 선명성이 무엇입니까. 여당과는 다른 진보적인 정책을 세우고 피가 터지도록 싸워서라도 관철하는 것이 아닐까요? 그런데도 어찌 된 셈인지 지금까지도 깡패들 집단처럼 억지를 부리는 모습만 국민들에게 보여주었나 싶은데 야당이 이래서야 되겠습니까?

지금이야 야당이지만 다음 정권을 차지하겠다는 수권 정당임을 국민들에게 보여주어야 함에도 얼마 전 민주노총 불법시위 문제로 사회가 며칠간 어수선했는데 시위 현장으로 달려가 파괴하거나 인명 피해만은 피합시다, 그렇게 말한 인물도 없었습니다. 그래서 수정해야 할 문제들은 여당 2중대라는 말을 듣더라도 과감히 수정하겠습니다.

둘째, 국회의원 공천입니다. 그동안은 종북 성향이 짙은 인물도 국회에 들어왔다면 앞으로는 그런 인물들은 국회에 얼씬도 못 하도록 하겠습니다. 회심했다 하더라도 전력까지도 따져 걸러 내겠습니다. 우리나라가 지금은 휴전 상태이기는 해도 언제 또다시 전쟁이 터질지 모르는 위중한 상황에서 종북 성향 인사가 대한민국 국회에 들어와 아무렇지 않다는 듯 버젓이 활동하고 있어서야 되겠습니까?

셋째, 대한민국 국회가 언제부터 패거리 국회가 되었는지 매우 우려스러운 일로 친노니 비노니 이게 다 뭡니까. 조폭들 세계에서나 찾아볼 수 있는 언어들을…. 앞으로는 그런 엉터리가 아니라 상생 정책을 개발해서 다음 세대들에게 물려줄 책임이 야당에게도 있을 것이기에 저는 거기에 분발하겠는데 의원님들께서도 분발합시다. 의원님들은 언론계, 법조계 등 각 분야의 전문가들로 국가적으로는 보배일 수도 있는 의원들이라면 그런 점을 생각해서라도 패거리 정치는 여기서 종지부를 찍읍시다.

넷째, 비례대표 국회의원입니다. 비례대표 문제를 거론하기는 투표로 선출된 국회의원이 아닌 입장이라 좀 그렇지만 과거의 산물인 비례대표 제도를 이제는 폐기 처분해야 할 때가 되었다고 봅니다. 모두가 아는 일이지만 비례대표 출발 동기는 무식하기는 해도 야무지다는 무기 하나만으로 국회의원이 되다 보니 국민들의 목소리를 대변해서 법을 세우는 입법기관이라는 어휘조차도 어리바리해서 그것을 보완해 보자는 것이 오늘날 비례대표제도인 것입니다.

그때를 살아온 입장으로 저는 그것을 누구보다도 잘 알면서도 자그마치 다섯 차례나 비례대표가 되었다면 국민들로부터 한마디 들어도 할 말은 없겠으나 비례대표제도는 이번으로 해서 마감하자는 것입니다. 그러잖아도 국민들께서는 국회의원 수가 많다는 목소리가 높은데 47명이나 되는 비례대표가 없이도 나라는 잘 굴러갈 겁니다.

국회의원 수는 나라들마다 그럴 만한 이유로 다를 것이기에 똑같은 비율로 볼 수는 없겠지만 일본 국회의원 숫자에 비하면 우리나라 국회의원 수는 200명도 많다고 볼 수 있는데 지금의 비례대표 문제는 반드시 고쳐야 할 문제입니다.

대한민국 국회가 과거에만 묶여 있어서는 미래가 없다는 생각으로 지금까지 말한 내용들은 국민들에게 드린 약속이므로 나이 때문에 아무것도 할 수 없어 병상에 누워 있지 않은 이상 이 한 몸 바칠 것입니다.

경청해 주셔서 감사합니다.

당 대표는 맘이 따뜻해야

야당 김동철 의원과 여당 이장우 의원이 국회에서 개인 설전이 있었다. 그랬지만 좋은 심성들이라 그것으로 끝이었겠지만 당 대표는 가정사로 보면 큰 형님 격이 아니겠는가. 그런 점에서 내 얘기를 한번 해 보겠다. 물론 국원의원들에게는 전혀 맞지 않은 얘기겠지만….

30대 초반 기억이다. 18, 19세 청년들이 초등학생들을 상대로 장사하는 가게 물건에다 손을 댄 것이다. 누구의 소행인지 알아낸 아저씨가 우리 집까지 찾아와 고발할 거라고 해서 다른 말은 않고 알겠다고만 하고 그런 짓을 한 다섯 명, 다 불렀다.

"너희들 주려고 부침개를 만들었는데 맛은 어떨지 모르겠다만 한 번 먹어 볼래? 내가 너희들을 불렀는데 금방 와 주어 고맙다. 너희들도 짐작은 했겠지만 부른 이유는 가게 주인아저씨가 집으로까지 와서 얘기를 하시더라. 그러니 다 같이 가서 잘못했다고 할래? 창피도 하겠지만 고발을 하겠다는데 말릴 수도 없을 것 같아 알겠다고만 했다. 그러니 고발까지는 않으시리라는 짐작이지만 다른 동네 아저씨이기는 해도 다시는 안 볼 아저씨도 아니고, 그런 일로 나쁜 놈들이라고 소문이라도 퍼지면 어떻게 되겠니. 그러니 지금 당장 가면 좋겠다."

며칠 후 가게 아저씨가 와서 "애들이 와서 잘못했다고 하데. 고맙네."

그 후로는 그때 청년들도, 가게 아저씨도 더 반가웠음이 기억된다.

3. 국민의당 국회 교섭단체 연설문_(안철수)

존경하는 국민 여러분! 그리고 국회의장, 선후배 국회의원 여러분!

얼마 전 인간이 만들어낸 알파고가 보여준 바둑 대결 모습은 인간 세계가 얼마나 변할지 가늠조차 어려울 같습니다. 저는 컴퓨터 바이러스 약을 개발한 입장으로 국회에까지 들어와 이렇게 국회 교섭단체 연설까지 합니다. 그렇지만 지금까지 보여드렸던 저의 모습은 국민들에게 실망만 보여드렸었다면 사과의 말씀부터 드리겠습니다.

그렇습니다. 지금까지의 구태 정치를 바꿀 수는 없을까를 놓고 생각만 하고 있다가 국회를 변화시켜 볼 맘으로 새정치라는 안철수만의 기치를 높이 들고 국회에 이렇게 입성하기는 했으나 국회 환경은 기득권 때문이기도 하겠지만, 혼자로서는 도저히 불가능할 것 같아 고민했었는데 감사하게도 국민들께서는 잘해보라고 국민의당 국회 교섭단체까지 만들어주신 줄로 압니다. 그러니 무슨 일이 있어도 이제부터는 새 정치를 할 겁니다. 그렇지만 제가 구상하고 추진하려는 새 정치가 무엇인지를 국민들에게 말씀드릴 필요가 있어 얘기하겠습니다.

먼저 제가 대표로 있는 국민의당 얘기인데 이번 20대 총선 비례대표 선발 과정이 매끄럽지 못했던 일로 선관위로부터 고발당한 상태입니다. 그런 문제에 있어 국민의당 대표로서 이유 여하를 막론하고 국민들에게 죄송합니다. 그렇게 말씀을 드리고서 생각해 보니 이유 여하를 막론하고 라는 말 자체가 분명치 못한 두루뭉술한 말입니다.

그러니 두루뭉술한 말은 취소하고 선관위가 내린 고발 건이 사실이 아닐 경우 무고죄로 고발할 것이나 사실이라면 거기에 대한 구체적인 설명과 함께 책임을 지고 당대표직에서 물러나겠습니다.

고의성이든 실수든 새 정치를 하겠다고 해서 국회의원에 당선시켜 주셨다면 국회의원직까지도 그만두어야 맞겠지만 그렇게까지는 국민의당은 물론, 국회 전체가 국민들이 바라지 않은 쪽으로 요동치게 될지도 모르겠다는 생각이라 국회의원직만은 유지하겠습니다.

둘째, 국회의원 연금법 문제입니다. 지금 받는 세비도 셀프로 통과시켰다면 국민들로부터 회초리를 맞아도 크게 맞을 일이 아닙니까. 의정 활동을 하려면 그만한 비용이 필요한 이유였을 것으로 이해할 수도 있겠으나 국회의원직을 단 한 차례만 했어도 65세부터는 연금을 받을 수 있도록 한 것은 얼굴 뜨거운 처사로 당장 없애자는 것입니다.

셋째, 국회의원 불체포특권 문제입니다. 정부가 뭘 감추고 있지 않나 싶은 내용이라면 확인 차원으로 좀 오버한 발언은 불체포특권에 그냥 두더라도 상대를 어렵게 만드는 발언은 범죄로 보고 불체포특권에서 제외하자는 것입니다. 그런 것조차 불체포특권에 적용시키다 보니 정상적으로 작동되어야 할 국회가 한마디로 꼴불견 국회가 되는 것입니다.

넷째, 지킬 수 없는 공약으로 유권자들을 현혹시키는 문제입니다.

박근혜 대통령이 후보 시절 내세운 공약인 영남권 신공항 건설 공약 문제가 자칫 지방 간 갈등을 넘어 전쟁 수준으로까지 가지 않을까 조마조마했는데 기존 공항을 확장하는 쪽으로 결론이 나 다행이나 국회의원이든 지방 장관이든 출마자들은 무슨 수를 써서라도 당선되겠다는 생각으로 어림도 없는 공약을 하곤 하는데 그런 공약을 지키지 못할 경우 징벌죄를 적용해 다음에는 그 어떤 직 출마도 할 수 없도록 아예 피선거권을 박탈시키자는 것입니다.

다섯째, 입법 문제로 입법하려고 해도 여야 간 입장이 다르기는 하겠지만, 말도 안 되는 당리당략을 따져 민생 법안을 통과시켜 주지 않아 법 통과만을 기다리는 국민들에게 손해를 끼치는 일이 그동안 얼마나 많았습니까. 국회의원들은 국민들 앞에 석고대죄를 해도 부족할 일로 늦은 감이나 이제부터라도 민생 법안만은 자유투표로 통과시키자는 것입니다. 국회는 어디까지나 국민의 권익을 위하는 입법 기관으로 어느 의원도 찬동하리라 믿기는 하지만 만약 딴소리가 있을 경우, 이름을 공개하자는 것입니다.

여섯째, 공기업 문제로 구조 조정에 내몰린 해운회사들을 보면 그렇게까지는 대통령을 만들어 준 보상책으로 공기업에서 돈 좀 챙기라는 정말 기막힌 일을 저지른 죄로 교도소에 보내야 할 잘못된 행위를 그동안 죄의식도 없이 써먹어 때문에 기업 부채만 눈덩이처럼 불어났습니다.

때문에 기업 회생 불가까지 갈 수도 있다는 우려의 말도 듣는데 앞으로는 낙하산 인사말이 나올 경우 정권 퇴진을 시키자는 것입니다.

일곱째, 교육 문제입니다. 먼저 제안부터 말씀드린다면 초등학교 졸업 때까지는 시험이라는 것을 없애자는 것입니다. 학교를 들어가자마자 시험을 치르다 보니 부모님께서는 시험 성적에 목을 매다시피 해서 사랑하는 자식을 바보 인간으로 만들고 있다는 인상을 지울 수가 없습니다.

세상에 태어났으니 나름대로 개척해 나가겠다는 개척 정신을 심어주는 교육이라 함에도 달달 외워 시험을 잘 치르게 해서야 개인도 국가도 앞으로 어떻게 되겠습니까. 어려서 아무것도 모르는 것 같지만, 어른들이 보는 어린이가 아니라는 것입니다. 어느 교회 부목사가 어린들 앞에 서 계시는 교사의 표정을 보니 웃으려고 애를 써 보여 말 못 할 고민이 있나 보다도 초등학교 4학년뿐인 학생이 할머니에게 그렇게 말했다면 어른이 보는 어린이가 아니라는 것입니다.

여덟째, 사법제도 문제입니다. 법률가라면 세상사 모든 일이 법 논리로만 해석되어야 할 건데 어느 때부턴가 명예도 돈도 꿰차고 있는데 검찰, 법관들은 명예만 갖게 재산 상한선(예, 10억, 너무 작은가?) 등록제를 두자는 것입니다. 그것이 없다 보니 서민들의 생각을 복잡하게 5개월에 16억을 벌었다는 말까지 나오는 것입니다.

아홉째, 국회의원 보좌진 제도를 없애자는 것입니다. 보좌진이 필요하다면 현재 지출되고 있는 보좌진 월급을 국회의원 개인 세비로 합산해서 자유롭게 채용하되 운전기사만은 두지 말자는 것입니다. 기록을 보면 국회 보좌진 제도가 1984년 입법으로 오늘에 이르고 있는데 의정 활동을 지원하기 위해 보좌관 직원을 두는데 4급 상당 보좌관 2인, 5급 상당 비서관 2인, 6·7·9급 상당 비서 각 1인의 범위 안에서 보수를 지급한다고 해 놓고 월급은 세비로 해결했다는데 나랏돈을 그런 식으로 축내려 해서야 되겠습니까.(표절 아닙니다)

4. 정세균 국회의장에게

이번 20대 국회의장은 야당이 가져갔다. 그동안 국회의장은 여당 차지였는데 16년 만에 깨진 것이라고 한다. 그렇게 된 것을 두고 여당 국회의원들은 명분을 잃은 것이 아니라 친박이 비박이니 게딱지 같은 이유로 쌈박질만 하다가 야당에 빼앗긴 것이나 다름 아니라고 속상해서 기분 나빠 하지 않을까. 물론 국회의장 자리를 어느 당이 차지하느냐가 당 명분이 위축되거나 그렇지는 않을 것 같은데 말이다.

정기국회가 열리기 전이라 민생 법안 처리가 늦어져도 국민 누구도 기다릴 뿐이기는 하나 국회의장 자리가 어떤 자리인가. 국회의장은 국회에서 법안 처리에 가부를 물어 성안이 되면 방망이를 두드리는 그런 국회의장이 아니라 국회가 잘 작동되게 할 책무를 가진 국회의 장이 아닌가.

그러면 정기적으로만이 아니라 차 한 잔만 마시고 헤어지더라도 생각나는 대로 각 당사를 찾아가 현안 문제에 대해 논의를 해야 한다고 보는데 그렇게 하기는 국회의장 자리는 너무 높은가. 실정법에 저촉만 아니면 욕할 국민은 누구도 없으리라는 생각인데 지금까지도 그랬다는 말을 들어본 기억이 없어서 하는 말이다.

국회에 입성한 국회의원들 면면을 다 들여다본다는 건 신이 아닌 이상 알 수는 도저히 없겠으나, 현안 입법 문제도 해결을 당 차원이라는 이유를 들어 미적거리면서 미래 입법까지를 말하기는 무리가 따를지 모르겠지만, 정세균 국회의장께서는 지금까지의 엉터리 국회 형태를 바꾸는 데 한 몸 던지셨으면 한다.

여기서 종교를 말하는 건 아닐지 모르겠으나 정세균 국회의장은 기독교인이기도 해서 기도를 하겠지만, 국회를 리모델링까지는 어림없을지라도 무언가를 창조해 내겠다는 각오로 국회의장직을 수행하시기를 국민의 한 사람으로서 바라는 맘 크다.

"제가 20대 국회의장이 되고 보니 국회의장으로서 무엇을 어떻게 할지를 놓고 그동안 잘 잤던 단잠도 설치게 됩니다. 그러니 의원님들께서는 저를 도와주셨으면 해서 말씀을 드린다면 알다시피 우리 국회가 지금까지도 정상적으로 작동 안 되고 있는데 이유를 들여다보면 기득권 때문입니다. 쉽지는 않겠지만, 기득권을 내려놓자는 것입니다.

말씀드리기는 좀 그러나 당 대표 자리가 그렇게 중요한 자립니까? 물론 저도 당 대표를 지낸 입장으로 할 말은 없지만, 시대적으로 당 대표 자리를 높이 평가해 주는 우월적 시대가 아니라는 것입니다. 그러니 앞으로는 당 대표도 경선이 아니라 옹립하는 국회 모습이었으면 합니다.

그런 문제를 귀결시켜 말씀드리고자 는 아니나 저는 국회의장이기는 해도 우월적 생각은 이미 버렸습니다. 그렇게 해야겠다해서가 아니라 자고 나니 자동으로 버려지데요. 아무튼, 법에 어긋나거나 당에서 싫다면 모를까 여당, 야당 당사를 수시로 찾아가서 따뜻한 차 한 잔 대접받으면서 공적 얘기만이 아닌 사적 얘기도 나누면서 줄다리기 협상보다는 '그래, 완벽하지는 않지만, 그 정도면 괜찮으니 국회에 들어가서 설명하고 결재를 받읍시다.' 이렇게 하는 모습을 국민들이 보고 싶어 하지 않을까요?

국회가 그렇게 해서 잘 굴러간다면야 바람직하겠지만 과거와 오늘에 일어난 일들이 너무도 복잡하게 얽혀 있어서 그런 문제를 우리가 다 해결할 수는 없겠지만 변화하려는 모습만이라도 국민들에게 보여드려야 하지 않을까요? 후배 국회의원들이 이끌 국회가 되는 데 초석이 되리라는 기대의 자세 말입니다.

다른 것은 다 변하고 있는데 국회만 변하지 않고 전날 모습에 갇혀 있어서야 훗날 누구 앞에 몇 대 국회의원을 지냈다는 명암이라도 내놓을 수 있겠습니까. 부끄럽게…"

이랬으면 어땠을까 했는데 정기국회 발언은 야당을 위하는 발언을 했다고 해서 새누리당은 정세균 국회의장을 성토하는 모습이 보도되고 있다. 쌈박질을 막아야 할 위치에 있는 국회의장이 되레 싸움을 조장한 꼴이다. 사드 배치 문제도 거론했는데 지적한다면 사드는 어디까지나 군사 무기다. 무기는 군 통수권자의 결단 사안이지 국회에서 논의할 대상이 아니라는 말에 동의한다. 전쟁 마당에서 국회가 어떤 무기로 쏴라. 마라 말할 수는 없지 않은가. 국방 예산만 세워줄 뿐이지.

그러므로 이 길이 국회의장이 선택해야 할 길이고, 이 방법이 국회의장으로서 써먹을 방법이 아닌가. 국회의장은 당명이 없다. 무소속이다. 그것은 법안 처리 방망이만 두들기는 위치가 아니라 여야 간 중재 역할을 하라는 것 아닌가. 그런데도 20대 첫 의정 활동에서 야당이 주장하는 사드 배치 문제를 들고 나선 바람에 국회의원들 단체 사

진도 제대로 찍지 못하는 대한민국 의정 사상 초유의 일인가 해서 정
세균 국회의장을 응원하고 싶은 맘을 안타깝게 한다.

들을 귀

떠 있는 저 태양
내일도 오늘처럼 떠 있을 텐가
확실치는 않지만 그러리라는 믿음

동네 길 시원한 차림의 바람
계절을 묻지 말라는 건가
여름 나절을 가득 채운 햇볕

나이에 따라 어울릴 중절모
허튼 생각으로는 벗지 말자
눈과 귀는 그대로 두고

튀는 인물들의 갑질 얘기
부정 못 할 팩트라고 하는데
누가 아니라고 말하랴

과거까지는 복잡해

초란한 입맛 달래려 분식집이다
예약까지는 그때그때

"국회의원들 정말 너무해"
부족으로부터 있어진 언어
안 들을 수 없는 귀

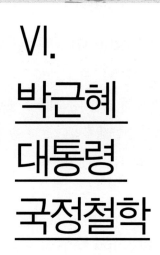

VI.
박근혜
대통령
국정철학

1. 대통령은 개인일 수 없다

박근혜 대통령은 언론사 편집국장들과 간담회 자리에서 유승민 의원을 질타하는 발언을 했는데 그것은 어디까지나 개인 발언 아닌가. 언론사 편집국들과 자리일지라도 국민을 향한 발언임을 절대로 해야 했는데 아쉽다. 춘로가 함부로 말해서는 곤란할지 몰라도 20대 총선 실패의 원인은 박근혜 대통령이 유승민 의원을 내쳤기 때문이라고 말한다면 붙잡혀 갈까?

박근혜 대통령은 여성 대통령이다. 여성의 본디는 따뜻함에 있다. 그러면 개인을 말하더라도 여성 본디를 살려 다른 자리에서 말해야 하지 않겠는가. 박근혜 대통령을 지지했던 유권자로서 아쉽다.

그렇다. 유승민 의원은 박근혜 대통령 국정 운영에 찬동하고 도와야 할 의무를 진 여당의 원내대표로서 반기를 든 발언이라면 이건 질책을 넘어 의원직을 내려놓게 해야 맞을 것이다. 대통령이 추진하는 정책에 반기를 든 의원을 그대로 둘 수는 없지 않은가. 박근혜 대통령 국정 철학은 어디까지나 국가적 일인데 말이다.

박근혜 대통령 국정 철학에 발목을 잡는 발언을 할 거면 야당 원내대표가 해야 그래도 어울릴 건데 여당 원내대표가 "증세 없는 복지는 허구다."라고 했으니 대통령으로서 화낼 만도 하다.

대한민국 정치 구도상 대통령중심제로 대통령의 정치 철학을 여당이 뒷받침해야 한다면 여당 원내대표는 거기에 충실해야지 엉뚱한 발언을 해서는 대통령이 일할 수 있겠는가. 물론 이런 생각도 국회법을 전혀 모르는 촌로 입장이기는 하지만….

이런 문제에 있어 한 가지 궁금한 것이 있다. 새누리당 국회 교섭단체 연설 문구 작성은 누가 하는 것이며, 검토는 또 누가 하는걸까? 국회 연설 문구 작성을 원내대표 혼자 작성했을 것 같지는 않은데 말이다. 국회 연설 문구 작성이 봄처녀에게 보낼 편지가 아닌 이상 문구가 잘되었는지 검토는 반드시 있어야 할 것 같은데 모르는 소리일까?

어쨌든 유승민 의원 발언이 박근혜 대통령을 기분 나쁘게 한 것만은 틀림이 없다. 물론 박근혜 대통령 입장이겠지만 여기에는 여당 중진 의원들이 합세했을까? 새누리당 국회의원이 옆에 있다면 한번 물어보고 싶다.

유승민 원내대표는 대통령의 국정 철학을 존중하고 거기에 맞춰 야당과 협상해야 할 자리에 있음은 두말이 필요 없을 것인데도 뜬금없이 야당 대표가 해야 할 발언을 여당 원내대표가 했으니 박근혜 대통령이 부아가 날 것은 당연할지도 모르겠지만, 대통령은 개인이 아니지 않은가. 대통령으로서 기분 나쁘고 속상해도 부아만은 참아내야 했는데….

2. 대통령은 따뜻한 가슴이라야

유승민 의원이 박근혜 대통령 국정 철학에 반기를 드는 발언을 했지만, 유승민 의원을 청와대로 불러(유승민 의원은 대통령이 부르는데 안 갈 수도 없을 것이다. 정치를 그만둘 거면 몰라도) 다음과 같이 말했어야 했다.

"유 의원의 국회 연설을 보고 대통령으로서 너무 놀라 충격을 다 받았습니다. 국정 동반자인 여당 원내대표가 맞나 의심도 했음은 물론이고. 그래요, 생각해 보면 유 의원은 여당 원내대표이지만 내가 의원 시절 지근거리에서 애써 주셨고, 나 또한 유 의원을 응원한 그런 관계로 여기고 있었는데 그런 유 의원이 내가 추진하는 정책에 반기를 든 발언은 많이도 섭섭했습니다.

대통령의 위치는 밖에서 바라보는 것과는 편차가 클 것이라고 나는 생각합니다. 단순 논리로 결재되어서는 국가적으로 손해일 수 있어서 관계 보좌관들 의견이 내 생각과 일치하는지를 꼼꼼히 따져 결재하게 됩니다. 수첩 인사니 그런 말을 국민들로부터 듣는 것도 거기에 있습니다.

그렇지만 증세를 않겠다는 공약을 파기하고 유 의원 생각대로 증세로 가 버린다면 그 후유증은 어떻게 되겠습니까. 대통령직을 그만두어야 하기까지 그럴 것 아닙니까. 공약 사안이 아니라도 대통령으로서 어느 한쪽의 손을 들어줄 경우, 그로 인해 어느 한쪽은 피해가 크지 않겠습니까. 정부 정책이란 이렇게 양날의 칼 같아서 함부로 하지 못하는 증세를 않겠다는 공약 사항을 '증세 없는 복지는 허구'라고 해버리면 어떻게 되겠습니까.

정치인으로서 맘에 없는 정책까지 응해서는 잘못이라고 나도 평소의 소신이기는 하지만 대통령의 의중을 정확히 알지도 못하면서 딴죽을 펴는 발언은 조심이 필요하다고 생각합니다. 야당이 그랬다면야 알든지 모르든지 간에 그냥 넘어갈 수도 있겠지만 유 의원은 어디까지나 여당 원내대표입니다. 그렇다면 대통령 국정 철학에 협조해야 맞지 않을까요? 유 의원의 생각과는 조금은 맞지 않더라도 나라가 망하는 정책이 아니라면 거기에 응하는 것이 여당 원내대표라고 나는 생각합니다.

우리나라 정치 형태는 대통령중심제로 여당은 대통령 국정 철학을 뒷받침해야 하는 당으로 정치 구도상 그렇게 되어 있다면 여당 원내대표는 거기에 맞춰 야당과 협상하고 결과를 얻어내기 위해 때로는 힘겨루기도 해야 할 건데 대통령 국정 철학을 잘못된 정책으로 몰고 가려는 태도는 정말 아닙니다.

그래요, 그런 정치의 틀이 아니고, 여당 원내대표가 아니라면 유 의원의 발언이 맞을 수도 있어요. 그렇지만 '증세는 없다'는 공약으로 대통령에 당선되었다면 그 공약을 이행하는 것이 국민들과의 약속을 지키는 것이 아닐까요? 그러기에 무슨 일이 있어도 국민들과의 약속은 지켜야 할 의무를 진 대통령으로 생각하고 국정에 임하고 있는 중입니다.

정부가 해야 할 일에 대해 국가는 해마다 예산을 세우고 그런 예산에 맞춰 나라 살림을 꾸려가고는 있지만 정상이지 못한 것이 한둘이 아님을 보도가 아니라도 눈에 보입니다.

그러니까 국가 재정이 꼭 쓰여야 할 곳에 제대로 쓰이기보다는 노후 수도관에서 수돗물이 줄줄 새듯 국가 재정이 엉뚱한 데로 줄줄 새고 있다는 것입니다. 국가 재정이 그렇게 엉뚱한 데로 줄줄 새는 것만 막아도 복지는 이루어지겠구나, 그렇게 생각하고 그걸 막자는 것에 있기에 '증세는 없다.' 그랬던 것입니다. 증세에 있어 얼마 전 담뱃값 인상을 했을 때도 말이 많았지요. 세금을 더 걷으려 해도 증세는 국민들 뇌리에 민감한 부분입니다.

누구는 그러데요. 거위 깃털 운운하면서 부자세 같은 것을 신설하자고. 물론 부자가 아닌 입장의 생각이겠지만 생각해 보면 괜찮은 발상 같기도 하나 만약 그렇게 했다가는 부자들이 가만히 있을까요?

우선 기분부터 나빠 우리나라에다 투자하겠다는 생각을 접고 대체로 임금이 싼 국가로 공장을 옮길 그런 생각을 하지 않을까요? 대통령으로서 안타까운 일이지만 증세를 하지 않았어도 많은 기업들은 외국으로 빠져나가고 있습니다.

기업의 생리는 이문을 목적으로 하기에 이문 타당성을 따질 것은 물을 필요도 없을 것입니다. 국민들 중에는 그렇게 못 하게 막을 법을 신설하면 되지 않을까, 그런 생각을 할지도 모르겠지만, 자본주의 국가에서는 안 됩니다.

자본주의란 뭡니까. 다른 사람에게 손해를 끼치지 않는 범위에서 다들 부자가 되라는 것이 아닙니까. 그렇다면 국가는 부자를 보호해 주어야 할 의무도 지고 있습니다. 부자를 보호해 줌으로써 경제가 잘 돌아가도록 말입니다. 그러면 부자들은 지갑을 열지 않을까요? 물론 인간적인 따뜻한 맘까지는 모르겠지만…"

박근혜 대통령이 이런 정도만이라도 유승민 의원을 달랬더라면 청와대로 불려간 유승민 의원은 모르기는 해도 박근혜 대통령의 애기를 듣고서 너무도 죄송해서 고개를 들지 못하고 죄송합니다, 죄송합니다, 연거푸 머리를 조아리느라 정신이 없지 않았을까.

훈계하듯 일방적으로 너무 세게 몰아붙이는 말을 했지만, 유승민 의원은 깊은 생각도 없이 엉뚱한 발언을 했다고 미안해할 것으로 박근혜 대통령은 이런 사실을 유승민 의원 체면을 살려 비공개로 하되 헤어질 때 서로 밝은 표정이 언론에 비추어지면 박근혜 대통령이 유승민 의원을 세게 몰아세우지 않았음을 국민들은 알아차리지 않았을까. 따라서 그런 일로 해서 박근혜 대통령 지지도가 더 상승하리라는 짐작도 해 보는데 어림없는 착각일까?

3. 대통령의 뺄셈 정치와 덧셈 정치

정치인들이 TV에 출연해 덧셈 정치니 뺄셈 정치니 하는 것을 보면서 말로는 쉬운 말이기는 하나 어려운 것이 정치라고 해서 정치 9단이니 그런 말을 듣는다. 그렇지만 정치 세계를 알지도 못할뿐더러 안다고 해도 가정에서 잔소리만 거침없이 쏟아내 아내로부터 핀잔만 듣는 일반 국민 뿐이기는 해도 창조된 귀는 살아 있어서 얘기를 듣고 말을 한다면, 박근혜 대통령도 뺄셈 정치를 하고 있다는 정치 평론가들 말에 동의한다.

그런 줄 박근혜 대통령도 어찌 모르겠는가. 알고도 남을 텐데 무슨 생각으로 유승민 의원을 내치듯 자기 정치니 배신 정치니 어마어마한 발언을 가감 없이 해버렸을까.

때문이었는지는 몰라도 4·13 총선에서 여당이 참패 이유의 원인은 박근혜 대통령께 있다고 말한다면 아니라고 할 건가? 박근혜 대통령이야 아니라고 할지 몰라도 그렇게 보이는 걸 어쩌랴. 박근혜 대통령을 지지했던 유권자로서도 말이다.

기억에는 없으나 전직 대통령들은 개인적 말을 하지 않았던 것 같은데 박근혜 대통령은 유달리 국민들의 힘을 빼는 발언을 여과 없이 하는 것 같아 언제까지 그럴지 불안하기도 하다. 다시는 국민의 힘을 빼는 발언은 하지 말기를 바란다.

앞서 말한 대로 박근혜 대통령은 퇴임 때까지는 개인이 아니라 국

가를 통치하는 대한민국 대통령이다. 그러면 유승민 의원 발언이 속
상해도 개인 생각을 말해서는 안 된다. 대통령의 말이나 행동은 불편
할 만큼 조심해야 하기에 생각조차도 말아야 할 것이다.

4. 낙하산 인사 정책 필요한가

　삼성그룹 같은 거대 기업도 계속 성장을 못 해서는 몰락할 수도 있다는 위기의식 때문에 기업 총수들은 두 눈 부릅뜨고 돌다리를 건너듯 항상 그러지 않을까. 해운업들마다 부족한 재무 구조로 어려움을 겪고 있다는 보도다. 그때마다 공적 자금을 투입하곤 해 왔으나 남는 것은 기업 구조 조정에 내몰리는 꼴이 되고 있다는 보도다.

　이런 문제에 있어 회사원들은 회사가 잘 돌아가고 있으리라 믿고 열심히 일만 했지만, 결과적으로는 회사 재정상 문제가 발생해 구조 조정에 내몰려 직장을 잃게 될지도 모른다는 위기의식에 있지 않을까.

　대통령은 그런 문제에 고민이실 것으로, 이렇게 되기까지는 국제적 요인들도 있을 테고, 경영자의 판단 잘못도 있겠지만, 회사 직급으로는 평사원 정도뿐인 차장이 회사 돈 180억 원을 빼돌려 흥청망청 써 대다가 결국에는 꼬리가 잡히고 말았다는 보도는 정말 아니다.

　공기업으로서 다시는 이 같은 일이 발생하지 않아야겠는데 잘하라는 당부 말로는 어림도 없으리니 제안으로 회사가 적자임에도 성과금을 지불했다면 이건 회사를 말아먹자는 처사로 간주하고 180억 원을 빼돌린 당사자는 물론, 부서장도 같은 죄를 물어 재산 몰수를 하자는 것이다. 지금까지는 당사자 죄만 물어 회수가 불가능할 경우 손실 처리를 하다 보니 오늘날과 같은 일이 벌어진 것 아닌가. 회사 돈을 정직하게만 다루어서는 바보 말을 듣던 시대도 있기는 했지만 말이다.

한동안 연일 보도되었던 대우조선해양 구조 조정 문제는 수만 명의 근로자들이 직장을 잃을지도 몰라 박근혜 대통령은 국민 혈세로 또 투입할 것이 아닌가. 지금까지도 그래 왔던 대통령을 만들어 주었다는 하사품으로 내려준 것이 그런 사달까지 벌어졌다고 말하면 붙잡혀 갈까 몰라도 다음 대통령부터는 낙하산 인사 정책을 없앴으면 하고 국민들은 바라지 않을까.

차기 대통령 후보들은 직을 걸고 낙하산 인사 정책을 없애겠다는 공약을 내세운 대통령 후보에게 투표하자고 외치고 싶은데 그런 의지가 있는 유권자도 대통령감도 대한민국에 있을까 모르겠다. 걱정된다.

기업은 자본이 생명이다. 그런 자본을 늘릴 인물을 자리에 세워 놓느냐에 따라 기업의 흥망성쇠가 결정된다고 해서 그랬겠지만, 오늘의 삼성그룹이 있게 한 고 이병철 회장은 사원들을 뽑을 때도 그냥 면접이 아니라 관상을 잘 본다는 이른바 관상쟁이까지 불렀다지 않은가.

기업을 하기란 그만큼 어려우리라는 정도는 대통령도 잘 알 것으로 공직자를 세우는 데도 참고로 해서 인사 정책을 하면 어떨까 싶지만 그럴 만한 인물이 없는지 청문회장에서 보는 인물마다 맘에 안 든다는 중론이다.

5. 대통령은 한 번뿐이라면

박근혜 대통령은 대통령 취임사에서 우리나라가 이렇게 가서는 안 된다는 취지의 발언으로 비정상화를 정상화로 바꾸겠다고 했는데 박근혜 대통령은 그때의 기억이 아직도 살아 있을 줄로 안다.

박근혜 대통령이 말한 비정상화를 정상화로 하겠다는 그런 말을 곧이곧대로 딱 믿을 국민도 있었을까마는 그렇게 하겠다는 모습도 안 보인다는 게 대체적인 평가다. 인수위 과정에서 보더라도 청와대 대변인으로는 문제가 있는 인물이라고 언론에서 그렇게들 말했는데도 밀어붙이기식 임명을 강행했다가 불미스러운 일까지 벌어졌다면 다른 사람(언론)의 말도 참고해야 할 건데 그런 모습이 전혀 안 보인다는 것이 대체적인 시각인 듯하다. 그러면 대통령 취임사에서 말했던 정상화는 한번 해 본 말일까.

그렇다. 국가 질서를 정상화하기란(정상화란 개념조차도 모호하지만) 천지개벽이나 다름 아닐 텐데 어찌 어렵지 않겠는가. 그렇지만 대통령 취임사 일성으로 비정상화를 정상화로 만들겠다고 했으니 그렇게 하고자 애쓰는 모습이라도 보여 주어야 하지 않겠는가. 그게 아니라도 신경 쓸 게 너무 많은지 그게 안 보여서다.

대한민국에는 배포가 옹졸한 대통령밖에 없는 걸까? 호남 출신 대통령은 부산을 못 가고, 영남 출신 대통령이 광주를 못 간다면 이건 대한민국 대통령이 맞는 건가. 감옥 갈 얘기일지 몰라도 박근혜 대통령도 광주를 못 간다면 대한민국 대통령으로 대접해드리기 싫다.

향수병

그녀와 마주쳤던 눈
따뜻하게 내밀던 손
흘려들을 수 없던 귀
내딛기 간단치 않던 발

결혼부터 손자들까지
축복으로 이어진 하루
가벼운 차림의 나들이
아내의 표정이 보인다

울을 넘어선 붉은 장미
나름의 꽃향기
아름 따다 채워준다면
노년인들 어찌 싫다 하리

줄타기식 살아온 삶
지금까지의 고비 고비
기록까지는 못 했지만

기억만은 살아 있다

거절할 수는 도저히 없는 길
어느 누구도 안 갈 수 없는 길
창조로부터 있어 온 길
재깍재깍 시간은 간다

과거는 노래를 만들고
노래는 과거에 있지만
날로 더해지는 향수병
지워지지 않는 향수병

향수병 치료는
향수병 치료는
고향 가는 길밖에 없다는데

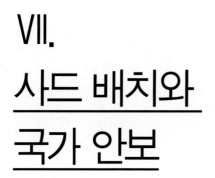

VII.
사드 배치와
국가 안보

1. 한중 통치자 사드 배치 논리

역사적으로 중국과 우리나라 전날의 관계는 우리 민족이 중국 사신들이 오기라도 하면 로비 이상의 대접으로 숫처녀도 아낌없이 바쳤다는 얘기도 있어서 갑자기 초라해진다. 지금이야 주고받는 무역 국가로 그렇게까지 얕잡아 보지는 않겠지만 언젠가는 우리 대한민국을 중국으로 합칠 변방의 국가로 여기지 않을까. 아무튼, 중국으로서는 사드 배치가 껄끄러운가 본데 그런 문제에 있어 박근혜 대통령과 시진핑 주석 생각을 적어 본다.

시 진핑 주석

박 대통령님, 대통령님께서는 사드를 한국에다 배치하겠다고 결정을 내리셨습니다. 그렇지만 우리 중화민국으로서는 미안하지만, 매우 못마땅합니다. 한국의 언론들은 중국을 설득하라느니 어쩌라느니, 지식들을 마구 쏟아놓지만 무얼 가지고 설득하라는 건지 납득할 수가 없습니다. 사드 배치가 북핵 문제로든 한국이 필요해서라면 얘기가 달라지겠지만, 그것도 아닌 주한 미군이 필요해서 한국 정부 용납으로 된 것이 아닙니까.

그러잖아도 미 전함들이 우리 중화민국 문 앞에서 얼쩡거리고 있어 당장 물리치고 싶지만 그럴 수도 없고 많이도 불편한 가운데 있는데 거기에다 대고 사드 배치까지라니요. 수도권 이상은 해당하지 않는 아래 지역이라지만 더 확대하겠다는 수순으로 우리 중화민국은 그렇게 보는데 이 점에 대해 박 대통령님의 생각을 듣고 싶습니다.

박근혜 대통령

시 주석님, 그게 아니라 사드 배치 문제는 북핵 때문이라고 얘기하겠습니다. 그렇게 말할 수 있는 것은 북핵 문제는 우리 대한민국으로서는 매우 불편한 문제로 그동안 6자회담이니 뭐니 해서 참가도 했고 지켜봤습니다만 중국만 미온적이라 대한민국 통치권자로서 보고만 있을 수 없어 중국 전승절 참가도 했습니다.

우리 대한민국 정서로는 중국 전승절 참가는 군사적으로 미국과는 민감한 문제라 여간 부담스러운 게 아니었습니다. 그렇지만 눈 한번 딱 감고 참가했습니다. 북핵 제재를 좀 해 달라고. 그랬음에도 중국은 이렇다 할 반응을 내보이질 않아 사드 배치를 용납해 버린 것입니다. 중국으로서야 기분이 나쁘겠지만, 우리 대 한국으로서는 미안하지만 어쩔 수 없는 문제로 시 주석님께서 북핵 제재를 하십시오. 물론 복잡할 수도 있겠지만 북핵을 바라만 봐서는 미 군사력은 중국의 고민을 가중하는 결과만 낳지 않을까요?

시 진핑 주석

박근혜 대통령님의 얘기도 틀리지는 않습니다. 그러나 박 대통령님도 아시겠지만 나라들마다 전쟁 연습에 열중하고 있고, 거기에 북조선도 뒤질세라 잠수함 미사일 발사까지 하고 있지 않습니까. 그것을 우리 중화민국이라고 해서 반가워만 할 수 없는 일이나 대한민국 생각처럼 힘의 논리로 억제해서는 감당하기 어려운 후유증이 있을지도 몰라 스스로 자중하기를 유도하는 중입니다. 공산주의가 자본주의를 벤치마킹하고 있는 마당에 사상적 이념을 고집해서는 망한다는 생각을 하게 해야겠다는 것입니다. 그것이 곧 무역 거래로 현재 북조선과의 접근성인데 이것이 대한민국과도 확대될 것은 분명합니다. 전쟁이란 무엇입니까. '너는 죽어도 나는 살자'에 있지 않다면 북핵 문제를 사드 배치로 풀려고 하지 마세요. 그것은 최선의 방법이 아니니까요.

박근혜 대통령

시진핑 주석님의 논리는 북핵은 언젠가는 풀릴 것이니 너무 조급하게 생각 말고 기다리라는 것인데 그것은 위험에 노출되지 않은 강 건너 사람들의 불구경입니다. 물론 북한이 북핵을 당장 사용하겠다고 경고성 발언은 하지 않고 있으나 인간 심리를 불안케 하는 것만은 사실입니다. 폭력성 딱지가 붙은 사람이 칼을 들고 내 앞에 서 있다면 요리 목적의 칼일지라도 무서워할 것은 틀림없는데 북핵이 바로 그것입니다.

우리 대한민국 국민들 중에도 북핵을 우리 대한민국을 공격하고자가 아니라 미국 공격용이라고 엉뚱한 말을 하는 사람도 있기도 합니다. 그런 생각을 하는 사람은 숫자를 셀 정도고 모두가 불안해합니다. 그래서 외국인들이 대한민국에다 투자를 하려고 해도 북핵 때문에 머뭇거린다는 것 같습니다. 그러니 투자도 자유롭게 하려면 전쟁 위험으로부터 해방시켜 주어야 하지 않을까요? 그것이 시급한데 조급하게 생각 말고 기다리라니요. 주석님의 말씀대로 언젠가는 전쟁이 그치겠지만….

성경에는 다음과 같은 구절이 있다.

그가 열방 사이에 판단하시며 많은 백성을 판결하시리니 무리가 그 칼을 쳐서 보습을 만들고 그 창을 쳐서 낫을 만들 것이며 이 나라와 저 나라가 다시는 칼을 들고 서로 치지 아니하며 다시는 전쟁을 연습치 아니하리라. _ 이사야 2장 4절

시 진핑 주석

박 대통령님은 북한을 두려워하시는 것 같은데 그렇게 너무 두려워 마세요. 6·25와 같은 전쟁은 일어나지 않을 거니. 그렇지만 국지전은 있을 수도 있으니 고약한 생각을 못 갖게 북한 통치자에게 만나자고 하세요. 박 대통령께서는 독일에 가서서 '한반도 평화통일을 위한 구상'이라는 제목으로 평화통일 기반을 조성하기 위해 남북 공동 번영을 위한 민생 인프라를 구축하고 남북 주민 인도적 문제를 해결하며 남북 주민 간 동질성을 회복한다는 목표를 담고 있다는 말씀을 하셨는데 들을 귀는 있었을까요?

그러니 만나자고 말이라도 한번 해 보세요. 그러지도 않고 북조선 통치자 표정만 읽고 사드 배치를 하고 있으니 아까운 시간만 갑니다.

박근혜 대통령

북한이 핵무기로 위협을 하는 마당에 그럴 수는 없고 핵무기를 없애지 않는다면 우리도 핵무기로 대응할 수밖에 없습니다. 물론 핵무

기를 만들 수 없도록 묶어 놨으니 사서라도 가져올까 합니다(핵무기를 살 수는 있는가 보다). 군사비 대칭을 따져 북한 핵이 몇 개냐에 맞춰서 말입니다. 다른 얘기이기는 하나 학생들 간에도 알력이 있어서 힘이 모자라다 싶으면 태권도 학원에서 실력을 길러 '덤빌 테면 덤벼 봐라. 나도 너를 이길 자신이 있다.' 그런 식을 우리도 생각 중입니다. 여기에 중국이 반발할지 몰라도 우리 안보를 누가 지키겠습니까. 미국만 믿고 있을 수 없어 우리가 지킬 겁니다. 시 주석은 그런 줄이나 아십시오.

시 진핑 주석

한국이 그렇게까지 할 경우 세계정세는 걷잡을 없이 요동칠지도 모릅니다. 한국에서 허락한 사드 배치 문제도 북조선 핵이 아니라 우리 중화민국이 추진하는 남중국해를 두고 미국이 한국에다 사드 배치까지 하겠다는 것인데 그것을 그러려니 할 수 없는 마당에 핵무기를 들여오겠다는 것은 매우 위험한 일이니 그런 생각을 접으셔야 합니다.

박근혜 대통령

시 주석님의 얘기도 일견 맞을 수도 있습니다. 그렇지만 상대의 무력을 억제하기는 비대칭 전력을 생각 안 할 수 없는 문제로 여기에는 시 주석님 결단이면 핵을 생각을 접을 수 있겠지만 현재로써는 핵 보유가 최선이라는 생각이니 핵을 못 갖게 하려면 북한이 먼저 핵을 없애게 시 주석님이 결단을 내려야 하지 않을까요.

2. 사드 배치와 야당 초선 의원들

"나는 헌법을 준수하고 국민의 자유와 복리의 증진 및 조국의 평화적 통일을 위하여 노력하며, 국가 이익을 우선으로 하여 국회의원의 직무를 양심에 따라 성실히 수행할 것을 국민 앞에 엄숙히 선서합니다."

국회의원들은 임기를 시작할 때 본회의장에서 한 손을 들고 이런 내용의 선서를 한다. 그런데도 사드 배치 문제로 중국을 방문했다가 소득 없이 귀국한 더불어민주당 초선 의원들 행동에 대해 소속 당 대표에게 기자가 어떻게 생각하는가 물으니 "여행 갔다 온 것 가지고 무얼 묻느냐?" 했고. 동료 의원들조차도 시큰둥하다면 국회의원이기는 해도 한참 배워야 할 초등학생 수준이 아닌가.

중국에 갔었다면 정치인들을 만나 "박근혜 대통령을 좀 말려 주시오." 아니면 "사드 배치는 자위권 차원이니 그리 아시오." 두 가지 중 한 가지 말은 해야 할 건데 이것도 저것도 아니라면 대한민국 국회의원이 맞는지 한번 묻고 싶다.

그렇지만 야당 초선 의원들 돌출 행동이 박근혜 대통령에게 손해는 아닐 것으로, 만약 사드 배치를 온 국민이 뭉쳐 환영한다면 수출로 먹고사는 우리로서는 중국의 보복이 얼마나 클지 상상하기도 쉽지 않다.

우리나라에 사드 배치가 꼭 필요한지는 사람마다 시각차가 어찌 없겠는가. 그런 문제를 내게 혹 묻는다면 사드 배치는 당연히 반대다. 사드가 무엇인지는 보도만이지만 날로 확대되고 있는 한류가 중국에서 예약 취소되고 있다는 것은 사드 배치 문제 때문은 아닐까 해선데 한류가 중국 젊은이들을 사로잡는다면 거기까지가 아니라 북한 젊은이들까지도 연결되리라는 믿음이다. 문화의 흐름은 그 무엇으로도 가로막지 못해 한류로 인해 북한도 문을 열 수밖에 없을 것으로 중국 젊은이들이 그 역할을 할 것 같다는 믿음에서다.

그렇지만 박근혜 대통령은 국가 통치자로서 사드 배치 결단을 내렸다면 국민들은 따라야 할 것 아닌가. 북핵은 미국 본토가 아니라 우리 대한민국을 인질로 한 미국과의 협상용일 것으로 이런 문제에 있어 야당이라고 해서 북한을 옹호하지는 않을 것이나 김대중 정부 노무현 정부는 좌 클릭 정부로 보고 불안해했던 보수층들은 미군이 주둔함으로써 안정감을 갖고자 한다는 것을 야당 초선 의원들은 인정해야 할 것이다.

노벨평화상과 불법송금

조심스럽지만 여기서 전직 대통령 속을 한번 들여다보면 김대중 대통령은 경향신문 창간 58주년을 맞아 특별대담에서 "북한도 남북정상회담에서 평화적 해결을 원한다고 했고요. 북한은 전쟁할 능력도, 전쟁할 의사도 없다고 봅니다." 했고, 2006년 10월 11일 전남대학 강의에서 "북한 핵 보유를 가지고, 경제제재를 해서는 도발을 조장하는 결과가 될 것이다."고 했다. 그러면 김대중 대통령은 김정일의 대변인??

북한 김정일을 만나보니 괜찮은 사람이던데…, 노벨평화상 수상자로 발표되자 영부인과 부둥켜안고 울었어요. TV에서 그렇게 말하기에 너무도 놀랐다(방송채널과 시간은 기억에 없다). 그러면 김대중 대통령은 노벨평화상을 위해 4억5천만 불이라는 어마어마한 돈을 국민 몰래 김정일 뒷주머니에다 찔러 주었다는 건가?

북한이 1993년에 NPT를 탈퇴한 것은 핵을 만들겠다는 선포지만 돈 없이 핵무장은 불가능해 고민 중일 때 DJ는 1998년도에 대통령에 당선되었고 2000년도에 4억5천만 불을 김정일 개인비밀계좌로 국민 몰래 송금했다면 북한 정권 입장에서 김정일은 앞을 내다보는 국가의 영웅이라는 대접을 받아도 충분할 것 같다.

아무튼, 북한 핵이 우리를 위협을 하는 시점에서 4억5천만 불을 송금해준 것이 DJ는 동작동 국립현충원에 그렇게 계시기에 결과적으로 미안하게 되었다고 할 수는 없지만, 불법자금이 박지원 의원이 주도했다는 사실이 김경재 한국자유연맹총재에 의해 까발라진 이상(DJ 살아있었으면 불법 대북송금 사과했을 것〈인터넷〉) 박지원 의원은 자금출처를 국민 앞에 소상히 밝히고 지난 일이기는 하나 잘못을 인정하고 정부에 막대한 손해를 끼쳐 사죄드리고 거취표명을 해야 할 것이다. 그렇지 않고 현재대로 눌러 있어서는 본인도 추해지고 국민들도 피곤해질 테니까. 다 지난 김대중 대통령 당시 얘기지만 대한민국 정부가 어쩌다가 김정일 기쁨조 꼴이 되었는지 국민의 한 사람으로서 씁쓸하다.

보도된 내용만 가지고 하는 말하지만, 김경재 총재는 북한에다 현금으로 주는 것은 위험한 곳에 쓰일지도 모르니 주지 말자고 DJ에게 말했지만 받아들이지 않았다고 TV조선에서 말한다. 그것은 무엇을 의미하지는 독자들의 판단에 맡기겠지만, 불법송금을 주도한 박지원 의원을 향한 여적죄 어론이고 보면 박지원 의원은 사형선고나 다름 아니다. 물론 대한민국을 사랑하는 생각들에 의하겠지만, 그러니 박지원 의원은 정치 9단에 갇혀있지 말고 양심선언을 하고 거취표명을 해야 할 것이다. 그러지 않고 그대로 눌러앉아 말재주만 부려서는 본인도 추해지고 국민들도 피곤해질 테니….

장수시대에서 받아드리기 싫겠지만 박지원 의원은 할아버지다. 인생 끝마무리를 잘해야 할……,

핵은 인류가 만들어 낸 최악의 무기로 위험천만해서 만약 미사일로든 공격할 경우 북한은 무사할 수 있을까. 반세기가 넘은 포병 부대 경험으로 본 무기는 명령만 내리면 2분 내로 목표 지점(북한 부대 진지)을 초토화할 수 있는 수많은 포문들이 최전방에서 편각 사각을 항상 맞혀 놓고 있어서 '너 죽고 나 죽자'가 아니고는 함부로 도발은 하지 못할 것이나 마음을 놓을 수는 것이 북한 군사력이지 않은가. 북핵 문제만이 아니라….

3. 북한 통치자 기적의 담화문

북한 통치자 생각은 변할 수 없이 고정되어 있을 수밖에 도저히 없을까? 그렇지만 기적이라는 것도 있지 않은가. 기적이란 가능성이라고는 전혀 없는 것을 말함이지 않은가. 그렇지만 기적은 바라는 자에게 있게 되는 것으로 바람을 한번 적어 본다.

"인민 여러분, 4년마다 열리는 하계 올림픽이 이번은 브라질 리우에서 개최되었는데 개회식 장면을 저도 봤습니다. 그런데 입장하는 선수들마다 그리도 좋아들 하던데 유독 우리 선수들 표정만 굳어 있어 충격을 받았습니다. 올림픽 목적이 무엇입니까. 인류 평화를 위해 열리는 국제적 행사가 아닙니까.

그래서 국가적으로 그동안 소원했던 국가들도 참가했겠지만, 우리나라 선수들도 거기에 참가했습니다. 올림픽 메달은 국가적 명예고 개인적으로는 영광이지만 그것만으로는 국가 발전에 아무 도움이 안 된다는 생각이 이번 올림픽을 보면서 들었습니다. 인민 여러분들도 알고 계시겠지만 저는 군대가 없는 중립국 스위스에서 공부하면서 자유를 보았습니다. 그런 자유를 미안하지만 우리나라에다는 아직도 적용하지 못하고 있습니다.

인민 여러분, 소비에트연방이 해체되어서인지 미 제국주의와 맞섰던 국가들마다는 이제 화해 무드로 가 버렸습니다. 그렇게는 미 제국주의가 좋아서가 아니라 국가적으로 그만한 가치인 먹고살기고 자유일 것입니다. 자유는 발전을 의미하는데 국가 통제하에서는 종국적으로 국가도 개인도 망할 수밖에 없을 것입니다.

그렇게 봐서 공산주의는 잘살자는 자본주의보다 더 좋을 수는 없어 이제부터 누구도 싫어하는 핵무기를 포기하고 잘사는 정책을 세우겠습니다. 국가들마다는 국민소득 수치를 계산하고, 우리보다 더 가난했던 중화민국도 1만 불 시대를 열어가고 있는 시점에서 우리 인민들만 강냉이밥도 풍족하게 못 먹어서야 되겠습니까?

인민 여러분, 자유가 없이는 평화가 없고, 평화가 없으면 행복이 없고, 행복이 없으면 발전이 없습니다. 따지고 보면 전쟁도 종국적으로는 평화이지만 전쟁이 가져다주는 것은 비참, 그 이상도 그 이하도 아닙니다. 우리가 미국을 향해 핵 개발을 하고 있지만, 그것은 곧 멸망을 초래할 뿐으로 당장 폐기 처분할 것입니다.

인민 여러분, 인류 보편적 가치가 평화이고 개인 절대 가치가 행복이라면 저는 그것을 문호 개방으로 해서 살리겠습니다. 국가들마다는 이민도 오고 가고 그렇게들 살아가는데 우리만 그러지 못해서는 안 되겠다는 생각입니다. 체육이든 예술이든 다른 나라 젊은이들은 가진 재능을 해외에서 맘껏 발휘하고 있는데도 우리는 형제국인 중화민국조차도 자유롭게 갈 수 없어서야 이건 감옥 국가가 아니고 무엇이겠습니까.

저는 그동안 잘못된 통치로 인민 여러분들을 힘들게 했음을 사죄드리고 이제부터는 시대적 흐름에 따라 굳게 잠겨났던 우리만의 인터넷망 자물쇠도 풀어 버리겠습니다.

인민 여러분, 김일성 주석님의 소원이 인민들에게 고기반찬에 이(쌀)

밥을 실컷 먹게 해 주는 것이라고 하셨습니다. 그랬지만 반세기가 훨씬 지난 지금까지도 강냉이밥을 먹고 있다면 세계적으로 제일 가난한 국가임이 틀림없습니다.

통치자는 대접받는 것이 아니라 인민을 행복하게 살아가도록 모든 수단을 다 써야 한다면 저의 소원도 인민들이 고기반찬에 이밥을 실컷 먹게 하는 것입니다. 그렇지만 식량을 생산할 농토가 부족한 우리 북조선으로서는 수입할 수밖에 없어 남아돈다고 하는 남조선 식량을 좀 보내 달라고 하면 안 줄까요? 자존심 문제이기는 하나 우리나라가 가난하다는 것을 세계가 다 아는 마당에 자존심을 내세울 필요가 있겠느냐는 것입니다.

인민 여러분, 우리 북조선은 지하자원도 있어서 그걸로 경제 효과를 가져올 수도 있겠지만, 그보다는 관광 수입입니다. 관광 수입이 이루어지게 되면 가난한 국가라는 오명을 벗어날 수 있을 것입니다.

리우 장애인올림픽 선수단 입장식에서 국가별 국민 1인당 소득을 자막으로 내보냈는데 "일본은 34,870$, 남조선은 25,990$, 우리 북조선은 587$", 이 자막을 보면서 우리가 이렇게 가난하다는 말인가 충격을 다 받기까지 했는데 이건 우리 북조선을 창피를 주기 위한 올림픽조직위원회 의도일 것으로 항의할까도 생각해 봤으나 그럴 수도 없어 속만 끓이다 TV를 꺼 버리고 말았지만, 남조선은 1960년까지만 해도 우리 북조선보다 못살았지만, 지금은 세계 6대 무역국이 되었다고 합니다. 부러운 일로 우리는 그동안 전쟁 무기만 개발해 왔음을 생각하면 바보짓으로 그것이 가져다준 효과는 지금의 가난뿐입니다. 그러니 이제부터 국가의 틀을 경제 발전으로 바꾸겠습니다. 국가적

틀만 바꿔도 머잖아 우리도 1만 불 시대가 될 것으로 인민들께서는 기대하셔도 될 것입니다.

우리나라는 분쟁국이라 남조선은 갈 수 없을지라도 형제국인 중화민국은 맘대로 오고 가고 해야 할 건데 그마저도 통제되고 있어서 세계인들은 얼마나 궁금하겠습니까. 관광 목적은 궁금증을 해소하는 것에 가치를 둘 것으로 관광객 수용 시설만 잘 갖춰진다면 관광객 숫자를 아무리 적게 잡아도 연간 우리 인민 숫자보다 배나 많은 5천만 명은 너끈히 되리라 봅니다.

그렇게 보면 문호 개방은 당연히 해야 할 문제임에도 우리 북조선은 그동안 미 제국주의를 때려 부수어버리는 것에만 에너지를 쏟아부었네요. 후회스럽지만 국가의 틀을 바꾸기만 해도 앞으로 50년 동안은 관광 수입으로도 부강한 국가들과 어깨를 나란히 할 수 있어서 그렇게 되면 하계 올림픽, 동계 올림픽 유치도 생각해 볼 수 있겠다는 생각입니다.

그렇지만 관광객 유치를 하려고 해도 우리나라는 아무것도 없다시피 해서 공항, 항만, 철도, 고속도로, 숙소, 식당 등 건설을 해야 할 건데 문제는 돈이겠으나 돈도 외국 투자자들이 그들의 목적을 위해 돈을 바리바리 싸들고 올 것으로 돈 걱정은 안 해도 되겠지만, 돈만 가지고는 안 되는 인력 문제일 것 같습니다.

그런 인력 문제도 현재의 군인 숫자 2/3를 건설 인력으로 할 생각입니다. 그렇게 되면 군사력이 그만큼 축소되어 걱정하실지 모르겠는데 북·남조선 전쟁 무드가 없어지게 되니 전쟁 위험이 없는 국가들처럼 모병제로 하든 그럴 것인데 그런 문제도 명령이 아니라 논의를 거쳐 결정할 것입니다.

우리 북조선 젊은이들이 세계 무대에서 뛰는 모습, 저 또한 세계 정상들과의 만남, 남조선 대통령과 백두산에서 함성을 지르고, 한라산에서 사진도 찍고, 도움이 필요할 경우 정상 간 요청도 하고 들어주고, 그러다가 통일국가로 가 미국인이 우리나라에서 살고, 우리도 미국에서 살고 그렇게 될 것입니다(이 대목에서는 가슴이 뛴다).

이것은 허황된 상상이 아니라 눈에 휜히 보이는 일로 우리는 거기서 누리기만 하면 될 것입니다. 이렇게 내 돈 안 들이고 부자가 될 길이 있음에도 가공할 무기만을 붙들고 있어서야 바보가 아니고 무엇이겠습니까. 저는 스위스에서 공부하는 동안 농구가 너무도 좋아 키만 좀 컸다면 농구 선수가 되었을지도 모릅니다.

물론 그렇게 하려면 국적을 포기하든지 해야겠지만 아무튼 이제라도 발전적 생각이 떠올라 다행인데 여기에다 방해를 놓는 방해 국가는 없겠으나 호사다마라고 악재도 있을지 몰라 만약이기는 하나 그때는 중화민국의 도움을 구하면 도와주지 않을까요?

오늘의 거대 중화민국이 자본주의를 받아들인 것은 공산주의는 인민을 다 굶겨 죽이는 주의라는 것을 등소평은 깨달은 것입니다. 등소평은 '잘살아 보자는데 자존심은 무슨 얼어 죽은 귀신이야.' 하고 아주 작은 체구(150cm)로 지구를 번쩍 들어 올려 오늘의 중화민국을 만든 것입니다. 그러한 것을 알게 된 이상 저도 등소평처럼 검은 고양이는 어떻고, 흰 고양이는 어떠냐는 것입니다. 이제부터 부자 국가를 만드는 데 이 한 몸 바치겠습니다. 감사합니다."

핵보다 무서운 한류

미국은 북핵을 막자고 김정은 통치 자금을 금융 제재로 막고 있다지만 빈틈은 있기 마련, 그것이 곧 중국과의 무역 거래다. 무역 거래는 정치적으로도 막기 어려운 민생 문제이지 않은가. 그러니 중국 무역 거래상들을 통해 북한 청소년들이 보면 깜박 넘어질 내용, USB 같은 전자 기기를 북한에 들여보내자는 것이다. 탈북 단체에서 풍선으로 보내고 있는 북한 정권을 비난하는 삐라가 아니라 신나는 내용이라서 무역상들은 돈을 목적으로 하기에 좋아할 것이지만 그래도 북한 통치자는 한류를 막아야 해서 쉽지는 않겠지만 북한 장마당이 활성화되고 있다면 일반상품처럼 말이다.

노태우 대통령은 대통령으로 당선되자마자 북한에 대해 통 큰 행보를 감행하려 한다. 김일성 주석에게 제안으로 우리 대한민국 학생들 5만 명을 북한에 다녀오라고 싶은데 허락하겠느냐고. 조건으로 큰 것을 제시하면서. 보고를 받은 김일성은 한참 있다가 아니라고 했단다.(?) 이유는 임수경처럼(임수경은 한국외국어대학교 4학년이던 1989년 전대협 대표로 베를린을 경유, 북한에 들어가 평양세계청년 학생축전에 참가했다. 46일간 북한에 머문 그는 분단 이후 걸어서 판문점을 통과한 최초의 민간인이 되었다) 미 제국주의 상징일 수도 있는 청바지를 입고 몰려들 올 건데 그렇게 되면 북한 청소년들 눈이 휘둥그래져서 통제가 어려울 것 같아서였는지 노태우 대통령의 통 큰 제안을 김일성은 받아들이지 않았다. 물론 그런 제안을 김일성이 받아들이지 않을 것을 잘 알면서도 정치적 묘수로 김일성에게 한번 던져 본 것이지만 젊은이들은 주의와 상관없이 새로운 것은 가히 절대적이지 않은가.

인간의 심리상 노년은 향수에 있고, 젊음은 새로움에 있지 않은가

그런 점을 이용해 자라나는 북한 청소년들에게 새로움을 심어주자는 것이다. 그렇게 해서 북한 정권을 변화시켜야지 핵실험 했다고 삿대질만 하고 있어서야 북한 정권이 무너지겠는가. 어림없을 것으로 북한 통치자로서 한류는 그 무엇보다 두려울 것 같아 내놓은 제안이니 정부는 이 내용을 참고로 했으면 한다.

말을 전문으로 하는 논객들의 허튼소리겠지만, 북한통치자 김정은을 이라크 후세인처럼 제거하면 어떨까 하는 말이 보도되고 있음을 보면서 사실로 이루어진다 해도 중국이 감싸고 있는 한 북한체재가 무너지겠는가. 통치자만 바뀔 뿐이지. 그러니 새로움에 민감한 청소년들에게 한류 문화를 심어 주자는 것이다. 북한체제 속성상 고도의 방법으로 말이다. 그렇게 해서 청소년들을 통제할 수 없어질 정도까지 가버린다면 핵무기를 가졌다 해도 그것이 무슨 가치가 있겠는가.

지금이야 철저한 통제 때문에 갇혀 살지만 신나는 문화가 독재체제 문틈으로 스멀스멀 스며드는 날엔 봇물 터지듯 걷잡을 수 없이 터져 몇 년 안에 북한 김정은 독재체제는 스스로 무너질 수밖에 없을 것이 아닌가. 그러니 우리는 이것을 노리자는 것이다.

북한 김정은 독재체제를 그렇게 해서 무너뜨리는데 무너질 가능성은 빠르면 5년, 늦어도 10년이면 충분하다고 보기 때문이다. 열 살 어린이일 경우 금방금방 커서 앞으로 5년이면 부모가 말릴 수도 없이 새로운 세상으로 뛰어나가고 싶어 좀이 쑤실 나이, 10년이면 무언가를 창조해내지 않고는 설 자리가 없겠다는 심리상 절박한 나이이지 않은가.

그러함에도 지금까지도 6자회담이니(모양새만 갖춘…) 햇볕정책이니(결과는 꼼수…) 금융제재(중국이 비웃는…)는 아무 소득도 없이 아까운 시간만 마냥 흘러가고 있지 않았는가.

정부정책마다 비판만 일삼는 세력들이 건재한 사회 분위기에서 보수적인 말을 해서는 신변상 위험할 수도 있어 조심스럽지만, 김대중 대통령 햇볕정책은 북한은 세계 어느 국가에도 없는 독특한 수령체재로 되어 있는데 거기다 데고 햇볕정책이라니…, 정치논리에도 전혀 맞지 않아 거기에 대한 설명도 있어야겠지만 그만두고, 남북통일이라는 거대 담론에서 박근혜 정부는 햇볕정책이든 그 어떤 명분으로든 북한 통치자에게 한번 만나자고 말이라도 해봤는가. 건방진 말일지 모르겠지만, 국민의 한 사람으로 너무도 답답해서다.

북한에 쌀 좀 주자

대북정책에 있어 실현 가능성이 부족해도 올바른 정책이라면 시도만이라도 해봐야 한다고 감히 말하겠다. 국가안보에 있어 혈맹국인 미국의 대북정책과 엇박자만 아니면 남아돈다는(올해는 전에 없던 대풍이란다) 쌀 지원 같은 것 말이다. 그것도 대담하게 의무수입 쌀 42만 톤에다 더해 1백만 톤 정도를 주면 어떨까. 풍년은 들었으나 낮은 쌀값 때문에 좋아할 수만은 없는 농촌을 돕자는 차원에서라도 말이다.

북한 인민들에게 주어지는 쌀이 아니라 군량미로 전용될 것이라는 생각일지 몰라도 인민군이지만 따지고 보면 쌀밥 정도는 먹게 해야 할 인민이 아닌가. 전시에는 용병술로 보급차단이 필요하겠지만, 지금은 그렇지 않은 휴전상태이지 않은가. 대북정책논리가 아무리 강해도 통치자로서 대담성을 빼버리면 그때부터는 이미 통치자의 기능이 멈춘 거나 다름 아니다.

북핵이 두려운 것만은 사실이나 통치자로서 통 큰 정치는 국가장래를 위해 반드시 해야 하고, 국가를 위해서 죽을 수도 있다는 각오라야 할 것이지만 그렇지 않고 퇴임 후를 생각한다면 감옥 갈 말일지 몰라도 처음부터 대한민국에서 태어나지 말았어야 했다고 감히 말하겠다.

여기서 칭찬은 아니나 박정희 대통령이 생각난다. 정의를 부르짖다 박정희 대통령 세력으로부터 피해를 입은 인사들도 있겠지만, 박정희 대통령 서거 때 우리 어머니들은 분향소에서 울었다. 슬퍼서 운 것이 아니다. 조상으로부터 가난만 했던 보릿고개를 없애준 고마움에 운 것이다.

세상에 가난보다 더 무서운 것이 있겠는가. 주검보다 더 무서운 것이 가난으로 보릿고개 시절을 잊을 수가 없는데(없음만을 가난이라고 말하지 않는다) 북한 인민들은 아직도 강냉이밥을 먹고 있다면 그만큼 가난하다는 증거가 아닌가. 그런데도 우리 국민은 너무 잘 먹어 비만 때문에 살빼기 작전 중이고, 북한 인민들은 너무 못 먹어 어린이들 발육상태까지 나쁘다면 대한민국은 북한 정권이 무너지기만을 기다릴 것인가.

동서고금을 통틀어 전쟁에 지거나 힘이 약해 짓밟히거나 굴복한 사례는 단 한 차례도 없고, 앞으로도 없을 것임을 통치자는 참고로 해야 할 것이다.

북핵 문제에 있어 통치자로서 고뇌에 찬 결단이었겠지만 개성공단 폐쇄는 정말 슬픈 일이 알 수 없다. 우리로서는 하찮게 여기는 '초코파이' 계까지 가졌다는 개성공단 5만여 명 그동안의 근로자들, 그들은 지금 어떻게들 지내고 있을까? 개성공단 폐쇄는 밥그릇을 빼앗아 버린 꼴인데 인간사회에서 있을 수 없는 문제로 개성공단을 재가동시킬 수는 도저히 없을까. 생각할수록 가슴 아프다(이 대목에서는 맘이 안 좋다). 논리는 있으나 눈물이 없는 통치자는 떡을 준다고 해도 싫다.

북한을 적으로만 봐야 할지는 처절하게 살아가는 인민들의 삶 문제다. 그들을 위해야 할 우리는 의무(통일)를 지고 있다면 북한을 정치적 논리로만 해석하기는 상당한 무리가 따른다고 봐야 하지 않을까. 북한 인민들은 내칠 이국 사람이 아니다. 정치적 논리만 빼버리면 삶도 죽음도 함께해야 할 친인척이요 단군의 후손들이지 않은가. 그러니 남아돈다는 쌀 좀 주자는 것이다. 굴복하면 별것 다 주겠다는 것은 무식한 말로 웃기는 논리다.

4. 북한이 변하기를 기도한다

조짐으로 봐 북한 정권이 무너질 날이 임박했다고 보는 측이 있는가 본데 동의하고 싶은 맘으로 통일이 이루어질 경우 우리가 부담해야 할 통일 비용이 5,800조가 들어간다지만 통독 내용과 전혀 달라 그런 걱정을 안 해도 될 것으로 본다. 북한 문이 열리는 날엔 투자자들은 돈보따리 싸 들고 달려들 갈 것이 분명해서 통일 비용보다는 거기서 얻어지는 경제적 효과만 커 우리나라가 10년 안에 5만 불 시대가 될 것이라는 믿음이다.

인간은 배부르면 그만인 짐승들과 달리 옳고 그름을 판단하는 이성이 있지 않은가. 그렇지만 힘의 논리 앞에서 역사적으로 봐 가당치도 않은 바람이나 박근혜 대통령은 위 내용을 시진핑 주석을 통해 북한 통치자에게 전달되는 기적이 일어날 수는 없을까? 기적이란 본시 있을 수 없는 일이 벌어지는 것을 말하기에….

기적이 아니고는 불가능한 일이지만 새벽기도 모임에서 나는 기도를 한다.

"하나님, 북한 통치자 마음속에 임하셔서 통일 나무 한 그루 굳게 심어 주소서."

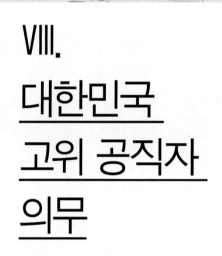

VIII.

대한민국
고위 공직자
의무

1. 청와대 보좌관이라면

　박근혜 대통령을 보좌하는 청와대 참모들에게 말하고 싶다. 박근혜 대통령은 대한민국 국정을 책임진 대통령이지 개인이 아니라는 점을 자리를 걸고 소신 있게 얘기하라는 것이다. 누구처럼 그 안에서 얘기하고 싶어도 용기가 없어 하지 못 하고 구시렁거리다 밖에 나와서 다 까발리려는 태도는 야비하다는 말을 면하기 어려울 테니⋯.

　물론 자리를 걸고 대통령께 소신을 밝혔지만, 엄동설한에 얇은 옷차림 속으로 불어오는 겨울바람처럼 박근혜 대통령은 그렇게 싸늘했는지는 몰라도 방송에 비치는 그대들의 모습은 아니게도 대통령 말을 메모하는 모양새이던데 그런 모습은 영 아니게 보여서다.

　그렇게도 소신 없는 인물들만 청와대에 들어갔다는 말인가. 건방진 소리일지 몰라도 학교는 어디를 나왔는지 묻고 싶은 맘이다. 솔직히⋯. 우리나라 국민소득 3만 불을 넘기가 이리도 더딘 이유가 어디에 있는가 했더니 소신 없는 그대들이 청와대에 박근혜 대통령 입만 바라보고 앉아 있기에 그렇지 않나 그런 느낌이라면 건방지다고 할까?

　건방지다고 뭇매 맞을지는 몰라도 양반이 양반 노릇 제대로 하려면 하인이 엽엽해야 해야 한다고 전날엔 그랬는데 그런 말이 오늘날에서도 다르지 않다는 것을 청와대 참모들은 참고로 했으면 한다.

　부모의 뒷바라지로 유학도 하고, 그래서 공부를 많이 해서 박사가 되었고, 나이 40대 이상에 이르렀다면 무엇이 옳고 그른지 알고도 남을 것 같은데 어찌 된 셈인지 머리만 있지 가슴은 없어 보인다. 다시 말해 참 일꾼이 안 보인다는 것이다.

국가 혜택만 받는 촌로가 건방진 말만 쏟아 놓는다고 말할지는 몰라도 아닌 것은 생명을 걸고라도 아니라고 해야 공부한 사람으로서 대통령을 보좌하는 일꾼이다. 그런 사람까지는 못 되겠다면 처음부터 고사하든지. 그래야 참 일꾼이 그 자리에 들어갈 것이 아닌가. 물론 새로운 인물을 세워 봤자 그 인물이 그 인물이지 참 일꾼이 어디에 있겠는가마는 그렇다.

세종대왕 때 대사헌을 지냈던 '고약해(高若海)'라는 사람이 있었단다. 아닌 것은 아니라고 목숨을 걸다시피 직언을 했던 인물로 민간어원학설에 의하면 흔히 사용하는 '그 사람 참 고약해'라는 문장에 등장하는 바로 그 사람이다.

이렇게 질타의 말을 꺼낸 이유는 박근혜 대통령 주변에 직을 거는 고약한 사람이 없다는 것이다. 무슨 소리냐고 말할지 몰라도 꺼내기조차도 싫은 세월호 참사로 이야기해 보자.

"대통령님, 보여주는 정치적 수사(修辭)일지라도 단식 중에 있는 유가족 손이라도 한번 잡아 주세요. 그것이 성난 국민들 맘을 조금이라도 달랠 수 있을 것입니다."

청와대 보좌관이 그렇게 말씀을 드려 박근혜 대통령이 단식 중인 유가족의 손이라도 잡아주었더라면 국민들은 박근혜 대통령을 어떻게 봤을까. 많이 아쉬운 일로, 앞으로는 대통령의 생각을 고쳐먹게 하는 능력을 갖춘 보좌관들로 채워졌으면 한다.

미련한 리더는 자신보다 일을 더 잘하는 사람을 내치려 드는 사람이고, 위대한 리더는 자신보다 일을 더 잘하는 일꾼을 찾아 세우는 사람이다. 고 함석헌의 '그대는 그런 사람을 가졌는가' 시문이 생각나는데 이 시문대로 나라를 이끌고 가기를 원하는 정치 지도자에게 묻고 싶다. "그대는 고약한 생각을 가졌는가?"

— 김병삼 만나 교회 담임목사 시론 요약 —

2. 청와대 홍보수석의 위치

세월호 참사 때 청와대 홍보수석과 언론사 직원 녹취록 일부

이정현: 일이 터져서 이렇게 저렇게 하다 보니까는 이렇게 됐지만은 다 그, 아휴, 정말, 하여튼요. 조금 부탁합니다. 지금은요 다 같이 극복을 해야 될 때구요. 얼마든지 앞으로 정부 조질 시간이 있으니까 그때 가가지고 이런, 이런 문제 있으면 있다고 하더라도 지금은 좀 봐주세요. 나도 정말, 정말 이렇게 아니 진짜 정말 저렇게 사력을 다해서 하고 있는데 진짜 이 회사를, 이 회사 이놈들.

김시곤: 무슨 말씀인지 알고요. 아니 이 선배, 솔직히 우리만큼 많이 도와준 데가 어디 있습니까? 솔직히.

이정현: 아이, 지금 이렇게 중요할 땐 극적으로 좀 도와주십시오. 극적으로 이렇게 지금 일적으로 어려울 때 말이요. 그렇게 과장해 가지고 말이야. 거기다 대고 그렇게 밟아놓고 말이야.

김시곤: 아니, 무슨 과장을 해요? 과장을 하긴요.

이정현: 과장이지 뭡니까? 거기서 어떻게 앉아서 뛰어내려라 말아라, 그거 잘못해 가지고 이 일이 벌어진 것처럼 그렇게 합니까? 응? 뭐 선장이고 뭐고 간에 자기들이 더 잘 아는 놈들이 자기들이 뛰어 도망 나올 정도 된다 그러면 그 정도로 판단됐으면 거기서 자기들이 해야지 뛰어내려라 명령 안 했다고 그래 가지고 거기서 그렇게 합니까? (중략)

이정현 홍보수석 얘기의 톤은 홍보수석 생각에서 나온 얘기가 아니라 대통령 지시를 받은 뉘앙스인데 사실이라면 이정현 홍보수석은 그런 자리에 있어서는 안 될 부적격자라고 감히 말하겠다. 청와대 홍보수석 자리가 어떤 자린가. 대통령의 올바른 의중인지를 잘 판단해 아니면 아니라고 수정해서라도 대통령을 살릴 궁리를 찾아 말해야지 대통령 나팔수 노릇만 해서야 되겠는가. 대통령을 보좌해야 하는 청와대 홍보수석만이 아니라 다른 부서 수석들도 아닌 것은 죽어도 아니라고 해야 대통령이 살고 국가가 사는 길이다.

이정현 의원 여당 대표 되다

이정현 의원은 여당 대표까지 거머쥐었다. 여당 대표는 대통령 국정 운영을 뒷받침해야 하기에 야당 대표와는 격이 다르다는 생각에서 먼저 축하한다.

정치인은 최종 목적지가 당 대표까지가 아니라 대통령까지일 것이기에 내친김에 차 차기 대통령이 되기를 기대하면서 지금까지의 대한민국이 아니라 새로운 대한민국을 여는 이정현 대표였으면 한다. 시대가 변해서 그랬는지는 몰라도 당 대표 경선 결과를 보면 이정현 대표는 호남 사람이지만 새누리당 당원들은 지역을 따지지 않은 듯해 반갑다.

그렇지만 이정현 당 대표가 여당을 어떻게 끌고 가느냐에 따라 박근혜 대통령의 내시라는 비아냥거림을 받고 안 받고가 있을 것이 아닌가. 당 대표 경선 과정에서 박근혜 대통령의 심복임을 그리도 강조했는데 그것은 표를 얻기 위함이었음을 확실하게 보여 줄 필요가 있을 것이다.

이정현 의원은 당 대표 수락 연설에서 다음과 같이 말했다.

"지금 이 순간부터 새누리당에는 친박, 비박 그리고 그 어떤 계파도 존재할 수 없음을 선언한다. 당연히 패배주의도 지역주의도 없음을 선언한다.

둘째, 민생부터 챙기겠다. 민생 문제만큼은 야당의 시각으로 접근하고, 여당의 책임으로 이 일을 반드시 정책과 예산 그리고 법안에 반영을 시키도록 하겠다. 가난한 사람들, 사회적 약자들, 방황하는 청년들의 문제 해결부터 시작하겠다. 모든 답은 현장에서 찾겠다.

셋째, 비주류, 비엘리트, 소외 지역 출신이 집권 여당의 대표가 될수 있는 대한민국은 기회의 땅이다. 이 위대한 대한민국을 지키고, 대한민국 국민을 지키고, 대한민국의 가치를 지키는 새누리당이 되도록 만들어 가겠다. 이것을 지키는 일은 영광된 소명이고 이것을 지켜내지 못한다면 우리는 존재 이유가 없는 것이다.

넷째, 새누리당의 체질과 구조를 섬기는 리더십으로 바꿔서 국민의 삶 속으로 뛰어들겠다. 국민의 사랑과 신뢰를 다시 찾아 내년 대선에서 새누리당이 반드시 승리하겠다. 특권과 기득권과 권위주의와 형식주의는 타파의 대상이 될지언정 결코 우리 주위에 머물지 못할것이다.

다섯째, 국민의 힘으로 대한민국의 정치를 반드시 바꾸겠다. 당원의 힘으로 새누리당을 반드시 바꾸겠다. 국민 여러분께서는 이제까지 경험에 보지 못한 정치 개혁을 이제부터 경험하게 될 것이다. 당원 동지 여러분께서도 지금까지 경험해 보지 못한 당 혁신을 경험하게 될 것이다."

들기 좋은 말이나 그렇게는 박근혜 대통령 곁을 떠나지 않고는 불가능하다고 감히 말하겠다. 이정현 의원은 당 대표 경선 과정에서 박근혜 대통령의 심복임을 당원들에게 확실하게 보여준 것이 당 대표에 당선되었다면 그것은 당선용이었음을 당 대표 재직 기간에 보여주어야 할 것이다.

이정현 대표의 가치

이정현 대표는 박근혜 대통령을 찾아가 다음과 같이 할 수는 없을까.

"대통령님, 제가 당 대표가 된 것은 전적으로 대통령님의 능력으로 된 것입니다. 지역으로 보나 의원 경력으로 보나 제 능력으로는 도저히 있을 수 없는 일이 벌어졌는데 이제는 당 대표로서 당 운영을 확실하게 해야겠다는 각오입니다. 그렇지만 당내를 들여다보면 넘어야 할 산이 첩첩해서 대통령님께서 도와주시지 않으면 어려울 수도 있을 것입니다. 저는 청와대 근무 중일 때 대통령님을 힘들게 하지 말라고 언론사에 부탁도 했는데 그랬다는 녹취록이 공개되자 대통령님의 내시로 비춰진 것 같습니다. 그러니 이 이정현이가 그런 옹졸한 인물이 아니라는 것을 보여주어야겠으니 대통령님께는 조금은 불편할지라도 이해해 주십시오. 그것이 대통령님이 살고 제가 사는 길일 것 같습니다."

한마디 덧붙인다면 이제부터는 어디까지나 여당 대표다. 그러므로 어린이가 동네 어른들께 인사하듯 해서는 곤란하다. 물론 뻣뻣한 태도는 안 되겠지만 어떻든 이정현 의원이 여당 대표가 된 것이 다행으로 생각한다. 물론 앞서 말한 내용들이 충족될 것을 전제로 한 말이지만 만약 이정현 의원이 당 대표가 안 되고 비박 쪽에서 당선되었다면 어떻게 되겠는가. 당 개혁이라는 기치를 높이 들고 박근혜 대통령을 탈당까지 몰고 갈 것이 아닌가. 그렇게 되면 정치 마당은 복잡할 것은 짐작이 필요 없을 것 같다.

이정현 대표는 대한민국을 살리느냐, 호남에는 똑똑한 인물이 그리도 없느냐 평가 길에 서 있다고 본다. 그러니 이정현 대표가 대통령이 꿈이라면 '바람 운운' 이상한 언어를 사용하지 말고 아니면 아니라고 하라. 대통령과의 인연도 이제부터는 끊어 버리고 앞으로 대통령이 되겠다는 모습을 보여라. 박근혜 대통령과 각을 세우라는 것이 아니다. 당 대표 모양새를 갖추라는 것이다. 그러지 않고는 이정현 대표는 정치적 내일이 없을 것이다. 보신 정치는 개인도 국가도 손해일 테니 기억하시라.

지역을 부추기는 말을 해서는 곤란할지 몰라도 호남인들은 아직도 홀대를 받는다는 것 같다. 그런 문제에 있어 국민의당 김동철 의원은 다음과 같이 말하고 있다

대장 8명 중 호남 0명, 4월 사단장 진출자 8명 중 영남 5명, 호남 출신 없어 군 장성 인사에서 호남 출신들의 소외와 영남 편중 인사가 극에 달하고 있다는 지적이 제기됐다.

'호남 출신에게 장성 진급은 하늘의 별 따기'라며 특단의 대책을 요구했다.

김 의원은 이날 국방부 업무 보고에서 "장성 인사의 지역 편중에 대

한 지적이 꾸준히 제기되어 왔는데, 군의 화합과 사기 진작을 위해서 특정 지역과 출신이 편중되지 않도록 해야 한다."고 지적했다.

김 의원에 따르면, 현재 대장 8명의 출신 지역은 서울 3명, 충남 3명, 영남 2명으로, 호남 출신이 단 한 명도 없다.

지난 4월 전반기 장성 인사에서 소장으로 진급해 사단장이 된 8명에도 호남 출신은 없었다. 지역별로 영남이 5명, 서울, 인천, 강원 출신이 각 1명이었다.

앞서 한민구 국방부 장관은 지난해 4월 국방위 군 장성 편중 인사 지적이 제기되자 "그런 문제에 대해서는 저희들이 전체적으로 역량과 우려하는 그런 (인사 편중) 문제도 함께 보면서 잘 관리해 나가겠다."고 밝힌 바 있다.

김 의원은 "사기를 먹고 사는 군대에서 이처럼 매번 진급에서 소외감을 느끼는 집단이 있다면 어떻게 전투력을 극대화하고, 함께 목숨을 걸고 적과 싸울 수 있겠느냐"며 "근본적이고 특단의 대책이 필요하다"고 강조했다. 2016. 6. 29.

3. 국무총리로 지명되었다면

국무위원들은 관련 문제에 대해 공부를 많이 한 전문가들이다. 그런데도 아니게 보일 때가 한두 번이 아닌데 참고가 될까 싶어 적어 본다. 지금은 좀 덜한가 싶기는 해도 전날에서는 내놓은 정책이 일주일도 못 가 없었던 일로 해 버리는 어처구니없는 경우가 종종 있었다. 앞으로는 그렇지 않으리라고 믿고 싶지만 왜 그럴까 곰곰이 생각해 보면 자기가 누구도 따라올 수 없는 해박한 지식인이라는 자기도취에 빠져 있기에 그렇지 않을까.

대통령이 국무위원으로 세울 때 거기에 대해 해박한 지식을 가지고 있어서 잘하리라는 믿음 때문에 발탁했겠지만, 전날 기억으로 대통령에게 지나친 아부 발언을 했다가 쏟아지는 여론에 밀려 청문회장에도 못 가 보고 낙마한 법무부 장관도 있었다. 누구라고 이름까지 거명할 수는 없지만 그런 인물이 법무부 장관으로 앉아 있었다면 나라 꼴이 어땠을까, 무서운 생각도 다 든다.

아부가 무엇을 낳는가는 독자들 상상에 맡기겠지만 나는 대통령을 위해서는 그동안의 소신도 버리겠다는 각오 아닌가. 그런 점에서 국무위원을 발탁할 땐 그 분야에 해박한 것도 중요하겠지만, 평소에 소신대로 일해 왔는지를 보고 발탁했으면 한다.

박근혜 정부 총리로 세워지려 했던 안대희 변호사는 5개월 만에 16억 원을 벌었다는 것이 국무총리감으로 적절한지를 두고 여론이 들끓자 해명하려다 말고 없었던 일로 해 버렸다. 본인이야 사기를 쳐서 번 돈도 아니고 정당하게 번 돈인데 그러느냐고 한마디 하고 싶었는지는 몰라도 사회적 여론은 벌 떼처럼 달려들어 총리직을 고사했으리라 싶지만. 서민들 생각으로는 상상조차도 못할 16억 원이라는 수임료는 어디서 어떻게 나왔는지 그 분야에 종사하는 사람들 말고는 모를 것 같은데 그렇게 큰돈을 다 어디에 쓰겠는가. 치료비가 없어 죽어가는 어린이에게 쓴다면 사회적 대접은 언론을 타 '그려, 국무총리 감이야.' 그러지 않았을까.

맘만 먹으면 대한민국 대통령이라는 자리까지도 꿈꿀 수 있었을 텐데 돈만 붙들고 있다가 돈보다 더 귀중한 것을 놓치고 말았다. 아쉽다. 아쉽지만 지금이라도 그때의 16억 원을 좋은 일에 써라. 그렇게 하면 국무총리가 될 기회가 또 있을지 모르니 "여보, 생각해 보니 우리가 이렇게 많은 돈을 어디다 쓰겠어요. 돈은 앞으로도 벌 건데 우리 한번 좋은 일에 씁시다." 가정이 이렇게 설득해서라도 말이다. 대법관을 역임했다면 그 명예의 가치는 매우 크다. 그런 가치를 돈에다 묻어 버려서야 되겠는가.

4. 김영란법은 절대법인가

　김영란법이 아니라도 모두 혜택받는 법은 드물어 어느 한 편은 피해를 볼 것이 아닌가. 김영란법은 공직 사회 정화 차원 법일지라도 가진 자나 그렇지 못한 자나 평등하게 살자는 사회주의 발상이니 김영란법은 폐지해야 한다고 본다.

　따지고 보면 고위 공직자들은 갈 곳이 많기도 해도 동네 사람 잔칫집에 가는 봉투처럼은 안 될 테니 그런 입장들을 위한 법안인 셈이다. 고위 공직자들 중에 가진 자들이 얼마나 많은가. 그런 사람들이 김영란법 핑계로 지갑을 쉽게 열지 않아서는 안 될 텐데, 괜한 걱정을 하게 된다. 아무튼, 어느 정도의 씀씀이는 용납해 주어야 지갑을 열 것이고 지갑을 열려야 경제가 돌아갈 것이고 세금이 걷힐 것이 아닌가. 법으로 통과된 김영란법 접대비 3만 원, 5만 원, 10만 원으로 정했다면 물가는 고정된 것이 아니라 해마다 오를 건데 그때는 또 어떻게 하겠다는 설명도 내놔야 할 것이다.

　야당 김종인 국회의원은 경제학 박사란다. 그런 지식으로 경제 민주화를 주장한다면 경제 민주화란 무엇인지 몰라도 자본주의 국가에서 돈을 많이 가진 사람들은 더 많은 돈을 벌 수 있도록 하이웨이를 깔아주고 그렇지 못한 사람들은 돈을 많이 벌 수 있도록 제도로 뒷받침해 주는 것이라고 한다면 맞는 건가?

　이번에 내놓은 김영란법은 오랜 논란 끝에 통과되었지만 그것이 옳을지는 더 두고 봐야겠으나 공직 사회 정화는 그것으로 되지 않을 것이라는 생각이다. 고위 공직자들은 머리가 엄청나게 좋아 국가를 위해 일할지는 물어봐야겠지만 지금까지 한 것을 보면 믿음이 안 가서다.

그래서 하는 말이지만 김영란법은 숨 막히는 법일 수도 있어 경제 발전에 도움이 안 되는 장애 요인일 뿐이라고 감히 말하겠다. 부정은 철저히 막아야겠지만 자본주의사회에서 어느 정도의 부정은 인정하는 것이 타당하지 않을까 해서다. 이른바 순리 말이다.

그동안은 불법 선거비용 1백만 원이 넘으면 국회의원 당선을 무효 처리했다면 그런 거나 제대로 감시해야지 사회 정화 차원이라는 명분의 김영란법은 잘못이라는 생각이다. 그렇지만 이제는 김영란법을 통과시켰으니 그로 인해 사회 변화는 예상치 못한 쪽으로까지 갈 가능성은 커졌다고 봐야겠다. 정부는 이런 문제에 있어 대비책(수정)도 강구했으리라 믿지만 국민들은 김영란법에 어리둥절하는 것 같다.

전직 국회의원 경험담이다. 국회의원에 당선되자마자 "그 어떤 축하물도 정중히 사절하겠습니다." 하고 사무실 문짝에다 아예 써 붙였더니 들리는 말에 의하면 "난 정도는 받아주어야 화원이 먹고살지 너무 심하다. 국회의원으로서 얼마나 잘하는지 앞으로 두고 보겠다."라는 협박이 들리더라는 것이다.

이것은 누리지 못하는 자들의 생각일 수도 있겠으나 전날로 돌아가 동네 이장일 때의 기억이다.

생각해 보면 정직하지 못한 짓을 했다고 호된 말을 듣고도 남을 부끄러운 일이지만 무엇을 얻고자 사전 작업으로 선심 작전을 편 것이 해결로 이어졌다. 그렇게 보면 선심은 세상이 열두 번 바뀌어도 상대의 맘을 움직이게 하는 바로미터가 아닐까. 그렇지만 딱 걸린 공직자들은 대가성이 없다는 변이 높던데 따지고 보면 대가성 없이 이루어지는 경우는 얼마든지 있다.

이를테면 부탁 내용이 절절해 도와주어야겠다는 맘으로 도와준 것이 도움을 받은 입장은 고마움을 그냥 넘어갈 수 없어 선물하게 되는 경우로 인간 사회에서 그런 것조차 내치기는 사실상 어렵지 않은가. 부탁하는 사람은 그런 고도의 수법을 써먹을 수도 있겠지만 말이다. 뇌물의 성격은 벌을 받아야 할 죄성으로 이런 문제에 있어 참고될지 모르겠으나 한 사례를 들겠다.

칠십년 중반 때. 정신세계가 푸른 초등학교 초임 교사에게 주어지는 촌지를 "아니요." 하지 않고 "아이고 고맙습니다. 잘 쓸게요." 하고 받은 선생님은 촌지를 학생들에게 주면서 "생각지도 않은 돈이 생겼다. 그러니 이 돈을 너희들에게 줄 테니 알아서 쓰고 어디에다 썼는지만 선생님께 말해라."라고 했다. 학생들은 어리둥절했을 테고 그 돈으로 어디다 썼는지는 몰라도 선생님으로서 어린 학생들 마음에다 상록수 한 그루씩을 심어준 것은 분명하다. 소문은 금방 퍼져 촌지 대신 먹을거리가 주어질 땐 "학생 수가 47명이라 모자랄 것 같으니 가져오신 김에 조금만 더 가져오실래요?" 했다.

그 후로는 누구도 가져오는 일이 없으나 문제는 동료 교사들로부터 왕따 눈치더라는 것이다. 이럴 줄을 교사가 되겠다고 맘먹었을 때부터 예상했던 터라 당황스럽지는 않았지만, 막상 부딪히고 보니 난감하더라는 것이다.

인간 사회에서 바로 서기가 이리도 어려운 사회 분위기에서 고위 공직자 누구 한 사람 희생정신은 김영란법을 뛰어넘어 잘못된 맘보들을 부끄럽게 할 수도 있을 텐데….

5. 복지 목적 쓰레기세 신설하자

필요가 없어진 생활용품을 버리기가 여간 불편한 게 아니다. 그래서이겠지만 돈이 안 되는 생활용품 쓰레기들이 산 계곡에 처박혀 있는가 하면, 큰 비가 내려 떠내려오는 어마어마한 쓰레기를 그런가 보다 하고 우리는 무심코 보기만 한다. 어디 그뿐인가. 어부들이 버린 그물들이 바다를 심하게 오염시키고 있다는 보도를 보면서 걱정하는 국민은 없을까 몰라도 환경부는 이런 문제에 대해 연구를 해야 할 건데 어찌 된 셈인지 쓰레기봉투만 지금도 팔고 있다. 쓰레기봉툿값을 아끼자는 것인지 빌라 건물들 옆 귀퉁이마다 쓰레기들이 잔뜩 쌓여 있어 여간 지저분한 게 아니다. 그래서 거창한 육두문자를 듣기도 한다.

나이를 먹은 입장으로 뭔가를 하면 어떨까 싶어 매주 토요일이면 내 동네만 아니라 이웃 빌라 건물 주변까지도 청소하곤 하는데 많이 쌓인 쓰레기는 그냥 둘 수밖에 없다. 쓰레기봉투는 자비로 해결하지만, 쓰레기 치우는 청소 인력들은 있어도 쓰레기봉투에 담긴 쓰레기만 치우다 보니 거리마다 쓰레기들로 몸살을 앓고 있다.

이런 문제에 있어 제안하고자 한다. 쓰레기처리세를 신설하자는 것이다. 직접세로는 어려울 테니 간접세로 말이다. 쓰레기세를 부과하면 국민들은 쓰레기세가 웬 말이냐고 삭발하고, 혈서 쓰고, 이명박 대통령 때처럼 촛불 들고 정권 퇴진 요구를 할까? 쓰레기세는 당연히 쓰레기 치우는 인력에 쓰일 것인데 노인 일자리는 그 재원으로 창출하자는 것이다. 지금의 쓰레기봉투 제도는 쓰레기를 버리는 데 귀찮아서인지 분리가 안 된 상태로 그냥 버려져 안타깝다. 쓰레기세가 신설되면 소비도 늘 것이라는 믿음으로 이 내용이 채택되기를 바란다.

국가는 소비를 권장한다. 소비되어야 공장이 돌아가서 소득이 창출되고 그래서 세금이 걷히지 않겠는가. 현재 시행되고 있는 쓰레기봉투 제도로는 버리고 싶은 물건을 버리기가 너무 불편해 그냥 쓰고 있지 않은가. 그러다 보니 돈도 아끼자는 면도 있겠지만, 구닥다리 전자제품을 고쳐 쓸 생각인 듯하다. 그러니 새것을 구입하도록 정부는 유도하라는 것이다.

오늘날은 아끼는 시대가 아니라 소비 시대라고 말하지 않는가. 절약하고 아껴 써서는(60년대만 해도 가나안농군학교에서는 비누도 아끼자는 차원으로 남자는 두 번, 여자는 손이 부드러우니 세 번 문지르는 훈련을 시켰다고 한다) 국가경제가 어떻게 될지는 설명이 필요 없을 것이다. 그러니 가정경제가 파탄 날 정도가 아니면 돈을 쓰도록 정부는 유도해야 할 것이다.

아무튼, 공직사회를 김영란법으로 고치려 해서는 불신만 조장하는 꼴이 될 것이다. 어떤 제도든 순리 바탕 위에 만들어져야 하는데 김영란법은 순리를 거스르는 법이니 없었던 법으로 하라.

노인복지 제도

인간 수명이 날로 높아져 오늘날은 '백세시대'란다. 그렇지만 생명연장 연구진들은 인간 수명이 더 높아져 2050년경부터는 150세까지도 살 거라는 말도 하는가 보다. 이것은 인류 순환을 파괴하는 자연적이지 못한 역 생태계가 아닐까. 그럴지라도 나의 존재는 거기에 포함되지 않을 것이지만 노인 대접은 여름 휴가 때 몰래 버리는 강아지보다 못한(부모가 세상 떠났다고 우는 자식을 본 기억이 없다) 처지로 살아간다는 말도 들린다.

재산을 가졌다 해도 힘이 쇠잔해지다 보니 자식들이 다 가져가 버려 용돈을 자식들로부터 얻어 써야 하는 처량한 처지로 살아간다는 자조적인 말을 듣는다. 안타깝다. 안타깝지만 그것을 받아들이지 않을 수 없는 시대에서 노인들 인기 종목일 수 있는 것이 연금 수령이지 않은가. 그것도 일부로 파지를 줍거나 해서 살아가기도 한다.

지금의 농수산부 장관이 국회 청문회장에서 보여준 대로 아무리 돈이 많아도 부모에게(어머니가 어떻게 지내시는지조차 10여 년을 모르고 살았다는 얘기는 정말 슬프다) 용돈을 안 준다면 빈곤층으로 살아갈 수밖에 더 있겠는가. 거기까지를 포함한 노인 일자리를 만들어 드리자는 것이다. 곧 노인복지 말이다.

복지란 무엇인가? 복지는 나눔으로 자연적 나눔과 제도적 나눔이 있다. 자연적 나눔이란 이웃 간 정으로 인한 나눔을 말함이고, 제도적 나눔이란 제도를 만들어 시행하는 것을 말함이다.

현재의 의료보험 제도도 나눔의 성격으로 국민이면 누구나 해당하는 복지 제도이니 아예 명칭을 '의료복지'라고 하면 어떨까. 현재 지급되고 있는 기초노령연금 제도는 명령 성격 제도이니 노인복지 제도로 바꾸자는 것이다. 당장은 쉽지 않겠지만 환영받을 만한 제도로 누구든지 늙을 것이 아닌가. 50대 초반이면 젊다. 그렇지만 늙음으로 끌고 갈 사자는 바로 앞에 있음을 알아야 할 것이다. 이것을 누구도 부정할 일이니 기초노령연금 제도를 고쳐 일자리를 만들어 드리자는 것이다.

2015년도 기준으로 기초연금 대상자 1인이면 202,600원이 최대고, 2인(부부)이면 162,080원씩 324,160원이란다. 그러면 1인 기준 50만 원 정도로 하되 노력 대가로 하자는 것이다. 같은 소득이라도 노력으로 얻어지는 소득은 보람이 있지 않은가. 더 필요할 수도 있겠으나 대부분의 노인들은 이 정도면 귀여운 손자들 손도 한번 만져볼 수 있고 자식들의 부담을 덜어 주기도 할 것이 아닌가.

부모들이 대접 못 받는 이유 중 하나는 소득이 없어서일 것이다. 그러니 쓰레기 분리수거 일자리로 소득을 갖게 하자는 것이다. 그렇게 되면 온 국토가 쓰레기로 몸살을 앓고 있는 문제도 해결되지 않겠는가. 국가에서는 이 내용을 참고로 간접세로 하되 제품마다 5%씩(너무 많은가?) 부과하면 어떨까. 촌로의 제안이라 채택될 가능성은 희박하지만 노인 일자리 기금은 국가 예산을 세울 필요가 없어 꿩 먹고 알 먹고 식이 아닐까 싶어 이 제안이 채택되는 기적을 믿는다.

우리 교회에서는 목요일마다 어른들에게 점심 대접을 해 드리는데 백여 분이 오셔서 아침도 거르셨는지 많이 드시고도 밥이 남으면 싸 달라고까지 하신단다. 그런 형편들을 들여다보지는 못했어도 어려운 것만은 사실일 것이니 국가는 이런 분들에게 복지 차원의 일자리를 제공해 드렸으면 한다. 그것도 떼법이 통하는 세상에 '취소하라' 삭발하고 혈서 쓰고 피켓 들고 거리로 나올지는 모르겠지만, 자식들에게도 괜찮아 어쩌면 환영할지도 모르니 이 제안이 꼭 법령으로 채택되기를 바란다. 지금의 쓰레기봉투 판매 제도는 수정해서 말이다.

여기서 덧붙일 것은 월 수령액 3백만 원 이상의 연금보험에 가입하라. 지금은 연금시대가 아닌가. 공부를 많이 한 젊은이들은 얼마잖아 고갈될 국민연금은 왜 드느냐는 말도 하던데 국가가 잘한 것이 의료보험제도와 국민연금제도라는 것을 왜 모르는가. 오늘날은 연금보험을 권장하는 시대니 당장 연금보험에 가입하라. 연금보험가입 날부터 그대는 안정감을 갖게 되리니. 물론 건강보험가입은 필수로 해야겠지만….

6. 애국가 4절까지 불러야

애국가는 입으로만 부르는 노래가 아니다. 주권국가 노래다. 그것을 망각하는지 광복절 말고는 모든 행사마다 1절만 부르고 만다. 시간상으로 그렇게 바쁘지 않음에도 말이다. 다른 나라들도 애국가가 4절까지 있지만 1절만 부르는지 몰라도 애국가는 유행가가 아니라서 가슴으로 부르는 노래다.

외국 여행에서 우리나라 자동차가 굴러가는 것을 보면 기분이 좋아지고. 태극기를 보면 발걸음이 멈춰지게 되고. 애국가를 부를 땐 가슴이 뭉클해지기도 한다지 않는가. 〈국제시장〉 영화로도 소개되어 모두가 아는 일이지만 너무 가난했던 시절 간호사로 광부로 서독에 가 있을 때 박정희 대통령과 애국가를 부르면서 그들은 울었다지 않는가. 이것이 애국가다.

외국에서 붙잡힌 마약 사범이라도 국가는 그대를 보호해 주는데 여기에는 애국가가 있다. 노무현 정부 때 아프간 무장단체에 붙들려 몰살 위기에 처해 있는 샘물교회 교인들을 돈을 주고(說) 구했지 않은가. 거기는 위험 지역이니 가지 말라는 푯말을 무시하고 가서 위험에 처했다면 그 책임은 국가가 지는 것이 아니라 개인이 져야겠지만 그럴지라도 국가는 그들을 구해준 것이다. 이것이 조국으로 그런 정신은 누구도 가지고 있을 테지만 애국가는 1절만 부르는 것은 잘못으로, 4절까지 다 불러야 한다고 주장하고 싶다.

애국가를 그동안 1절만 불렀다면 반성하고 자식들에게도 애국심으로 가르치라. 가사를 써보게도 하고 태극기 그리기 연습도 시켜라. 역사성까지 말해줌은 물론이고. 이 말은 가나안농군학교 설립자 고 김용기 교장께서 하신 말씀이다. 국가는 어느 상황에서든 어머니와 같은 존재로 외국에서 저지른 죄인일지라도 외국법을 적용하지 못하게 가로막는 것이 조국이다.

7. 공직자의 면류관

5공화국 시절 국가로부터 청백리상을 받은 세무 공무원 구만석 씨 얘기다. 그는 세무 공무원으로서 당연한 일을 했음에도 큰 상을 받았다. 국민이 내는 세금을 단 얼마의 오차도 없이 징수할 의무를 지닌 세무 공무원으로 당연한 일을 했음에도 아주 드문 큰 상을 받았다, 주어진 업무에 충실하다 보니 청백리상을 받았지만 그러기까지는 세상은 그렇게 하라고 그냥 놔두질 않았을 것이다.

향응이며, 눈 한번 딱 감아 달라는 등 로비 말이다. 그런 유혹이 어느 직장보다도 많다고 볼 수 있는 직이 세무직 아닌가. 그런 환경에서 정직을 지킨다는 것은 십자가를 지는 정도의 어려움이기에 다른 직장을 구하려고도 해 봤으나 당시는 일자리가 많지 않아 세무 공무원을 그만둘 수도 없었다고 한다. 달동네 허름한 집에서 가난하게 살기에 예수 믿는 신앙인이지만 돈이 어찌 돌같이만 보이겠는가. 생활하기가 어려운 형편에서 돈의 유혹을 뿌리치기는 혼자의 힘으로는 역부족이었을 것이다. 아내의 협조가 없었다면….

구만석씨처럼 정직을 절대로 하다보면 동료들로부터 왕따를 당할 수도 있음을 기억해야 할 것이다. 직장분위기를 흐리게 할 수도 있기 때문이다. 그러니 직장분위기를 살리는 메이커가 되어야 하겠다는 맘으로 어려운 일은 앞장서고 커피정도는 자주 사라.

참고가 될지 몰라도 내 얘기를 좀 한다면 20여 평 빌라에 보훈연금

백 몇 십 만원으로 살아가지만 어른들에게(고령들) 음식대접을 봄가을로 해드린다. 그것도 차가 있으니 밖으로 모시고 나가 구경도 해드리면 고마워들 하신다. 언제까지 할 수는 없을 것 같아 아쉬움이 밀려온다. 나이가 많아지기에. 이건 자랑이 아니다 대접받는 입장은 고마워하고 베푸는 입장은 기분 좋은 일이 아닌가. 기분 좋은 일을 마다할 수는 없다.

아내는 교회 찬양대원으로 찬양대 지휘자로 선 남편의 모습을 보면서 다음과 같이 말했다.

"여보, 미안해요. 당신께 잡곡 도시락만 매일 싸주고 있어서요. 잘못을 범하기 쉬운 세무 공무원으로서 정직을 지키기란 너무 어려울 것 같아 핑계용으로 잡곡 도시락이지만 당신도 인정하고 지켜주어 고마워요, 여보! 누구는 세무 공무원이 되고서는 형편이 좋아졌나 봐요. 그것을 두고서 쑥덕거리는 것을 옆에서 들을 땐 '내 남편도 세무 공무원인데, 우리 가정은 예수를 믿는 가정인데…' 그랬던 기억이 지금까지도 머리에서 맴도네요. 내 생각을 저버리지 않고 찬양대 지휘를 하는 당신이 바라봐집니다. 사랑해요. 여보!"

아내의 기도

"하나님 아버지, 내 남편이 세무 공무원이라서 눈 한번 감아달라는 부탁을 매정하게 뿌리치기는 쉽지가 않아 그것을 이겨내기는 하나님께서 지켜주시는 길밖에는 없을 것 같습니다. 곧 강한 신앙심 말입니다, 내 남편은 안수 집사이기도 하지만 이렇게 찬양대 지휘자로 서 있기도 합니다. 그런 점으로든 돈이라는 유혹에 넘어지지 않게 꼭 붙들어 주소서."

　신앙인이지만 호의에 대해 끝까지 거절해서는 사회생활을 같이하기
란 매우 어려운 세무 공무원. 돈과의 절대 관계로 있기에 향응이나
봉투를 거절하지 못하는 어쩔 수 없는 상황에 처하게 될 수도 있을
것이 아닌가. 그런 환경에서도 구만석 씨는 아내가 주는 잡곡 도시락
을 건강 때문이라는 핑계로 이겨내곤 했지만, 동료들이 어디 바보들
인가. 미안했기에 출근할 때마다 하나님께 기도했을 것이다.

남편의 기도

　"하나님, 제 아내가 주는 잡곡 도시락 의미를 하나님께서는 잘 아
시죠? 돈을 다루어야 하는 세무 공무원으로서 돈 유혹에 빠질지도
모르니 돈 유혹에 빠지지 말라는 의미로 아내가 싸준 도시락입니다.
그런 아내의 맘을 실망하게 하지 않으려고 도시락을 들고 오늘도 출
근합니다. 그러니 저의 다짐이 무너지지 않도록 힘과 용기를 주소서."

　그 사람의 성격을 보려면 운전대를 잡아 보게 하고, 인간성이 어떤
지를 보려면 고스톱을 쳐 보고, 대단한 사내인지를 알아보려면 아리
따운 여자를 옆에 앉혀 보고, 굳센 여자인지를 보려면 상당한 돈을
손에 쥐여 주어 보라 했던가. 아무튼, 남자들은 어리석은 데가 있어
서 아내가 맘을 써 주는 데 따라 온몸을 바친다는 각오로 일하기도
한다는 것이다. 누구나 해당하는 얘기일지 모르겠으나 기독인들은
이 얘기를 흘려들어서는 안 될 것이다.

가정의 평화를 바란다면 가족을 위해 돈을 벌어다 주는 남편이 아니라 가족을 먹여 살리려고 애를 쓰는 남편으로 봐 주면 하나 이혼 말을 입에 달고 살아가는 여성 시대에서 어림없는 생각일까 몰라도 오늘날은 구만석 씨 같은 아내가 별로 없어 보여 남자 입장에서 안타깝다.

세무 공무원 구만석 씨는 조선 시대에서나 있었을 청백리상을 받았지만 그러기까지는 남편의 청렴 의지를 적극적으로 도와준 아내가 있었기에 그 청백리상은 아내에게 주어야 할 것 같다.

조선 시대에서는 공직을 집안 명예직으로까지 여겼기에 본인 각오면 청렴할 수 있었겠지만 물질을 절대로 하는 오늘날에서는 아내의 도움 없이는 거의 불가능하다고 말할 수 있는 시대로 청백리상을 받은 구만석 씨 부인은 어떤 분인지 TV로든 한번 봤으면 한다. 곧이곧대로 사는 남편 때문에 밥을 굶듯 해서 삐쩍 말랐거나 다투고 사는 모습인지 말이다.

늙는 것은 복

운전자 생각대로 움직이는 자동차
밤낮 가리지 않고 도로를 내달린다면
멀쩡한 운전 솜씨 폐기 처분해서야

얼마 전부터 얘기된 자동차 나들이

태안반도 휴양지로 맞춰진 내비게이션
거짓 없이 수시로 알려주는 과학

이건 사람의 목소리가 분명한데
세세한 말까지 어떻게 해줄 수 있을까
매우 궁금하기는 하나 내달리는 자동차

준비된 건오징어 다리 아내는 권한다
티격태격은 행복하자의 의미인데도
그냥 넘어가도 될 일을 잔소리했던가

좁쌀 같은 영감이라고 핀잔이라니
가장이라는 자존심 내려놓기 싫지만
설거지와 커피 타기는 늘 내 차지

나이 든 입장들은 건강 체크도 하라는
의료보험관리공단으로부터의 통지
나는 이렇게 해서 늙어가는 건가?

해마다가 아니다
날마다 시간마다 늙어간다
늙는 것도 복이라고 하던데

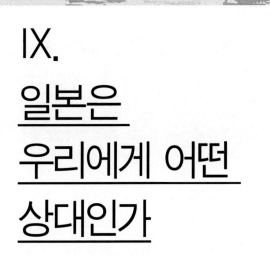

IX.

<u>일본은</u>
<u>우리에게 어떤</u>
<u>상대인가</u>

1. 내칠 수 없는 일본이라면

올여름은 유난히 더웠나 보다. 한여름 무더위 피하기는 해수욕장이나 시원하게 흐르는 냇물이라야 좋겠지만, 나이를 먹은 입장들은 해당 사항이 아닐 듯하다.

"아버지, 광명동굴 잘 꾸며 났다는데 거기는 가 보셨어요?"

"아니."

"그러면 우리 광명동굴이나 갈까요?"

그래서 내 승용차지만 운전대는 딸내미에게 맡기고 가 봤는데 동굴 입구 아래쯤 위치에 위안부 소녀상이 불볕 가리개도 없이 처량한 모습으로 세워져 있지 않은가. 그것이 무슨 기념이 되기라도 하는 양 사람들이 위안부 소녀상 옆자리에 앉아 스마트폰으로 사진을 찍고 그런다.

노벨문학상 후보로 거론되고 있다는 조정래 작가가 쓴 『아리랑』을 읽어본 생각이 다 난다. 일본은 세계 정복을 위해 우리 민족을 무참히 짓밟은 잘못을 인정하려 하지도 않고 경제적으로 번영을 누리고 있어 밉다. 밉지만 시대가 바뀌어 이제는 지난날의 역사로 두고 상생하자는 박근혜 대통령 의중을 인정하자고 말하고 싶다.

박근혜 대통령은 위안부 문제를 임기 내에 결론을 내겠다는 각오로 일본 정부와 위안부 협상을 했을 것이다. 일본은 수십 년 동안 보수 우파 성향의 자민당이 거의 독점하다시피 집권하고 있으며, 앞으로도 계속 집권할 가능성이 매우 크다. 위안부 할머니들 생전에 그들로부터 정부 차원의 사죄와 보상을 받아내는 게 과연 현실적으로 가능할까?

용서를 구하는 것도 피해자들이 살아 있을 때 이야기지, 위안부 할머니들의 사후에 하는 사죄는 아무런 의미가 없다. 위안부 할머니도 지금껏 같이 있어 온 친구들의 죽음을 보면서 최대한 빠른 시일 내에 응당한 보상 및 사죄를 받기를 원해오기도 했다. 물론 위안부 피해자들의 입장에선 못마땅할 수 있겠으나 정부는 할머니들 생전에 일본의 사죄를 받아내기 위해 최대한 노력했다. 결국, 일본의 향후 행보와 한일 양국의 위안부 할머니들의 치유를 위한 사업에 대한 구체적인 방안을 지켜볼 일이지, 정부가 보여주기 식으로는 대충 하고. (중략) ― 인터넷 ―

우리나라는 경제적으로 내칠 수 없는 일본, 그런 일본과 상생하자에 있지만, 일본은 위안부 문제가 걸림돌로 위안부 소녀상 치우는 것을 포함한 보상금 10억 엔은 아닐까. 그렇지만 피해 할머니들은 보상금은 싫고 일본 총리로부터 사죄를 받는 것이라고 하는 것 같다. 당연한 말씀이다. 그러나 일본 총리로서 쉽지가 않아 지금까지 미적거린 것이 아닌가. 따지고 보면 중국, 필리핀도 일본으로부터 피해를 입은 피해국들로 피해국이지만 피해국이라는 생각에 매달려 있어서는 미래가 없을 것이니 과거는 역사로 두고 미래를 향해 힘차게 나아가야 할 것이다.

우리 민족이 일본으로부터 입은 피해는 말로 다할 수 없이 크다. 그렇지만 따지고 보면 어느 시대든 힘의 논리는 존재해서, 이것은 지구 멸망하기 전까지는 없을 수 없는 불편한 갑과 을의 관계, 이것을 인정하는 것을 우선으로 힘을 키우자는 것이다. 이른바 경제적 힘, 전날은 강한 군사력이 힘이었다면(생각을 해보면 일본은 총으로, 우리는 활로 대결했는데 총 앞에 활은 무엇인가) 오늘날의 힘은 경제가 아닌가. 그래서 젊은이들에게 창의성을 키워주자는 것이다. 이제는 개인은 물론, 국가적으로도 창의성으로 먹고사는 시대가 아닌가.

우리 국민 창의성은 세계가 인정하지 않는가. 일본이 독점하다시피 했던 그동안의 전자업계를 바꿔버린 것이 바로 그것으로 보릿고개를 넘기가 그래도 힘겨웠던 시절을 살아온 입장으로 기분 좋은 일이 아닐 수 없다.

이렇게 말하는 것은 일본군 위안부로 끌려가(배고픈 시절, 공장에 취직시켜 준다는 말로 꼬드겨 데려간 10대들) 인간으로서 치욕스러운 삶을 살아오신 할머니들의 한은 이루 다 말할 수 없겠지만, 그분들의 삶이 많이 남지 않은 시점에서 일본의 잘못을 인정한다는 의미로 일본 돈 10억 엔을 피해를 입은 할머니들에게 지급해 드릴 거라는 보도를 접하면서 생각나는 것이 있어 적어본 것이다.

2. 위안부 할머니들에게

"할머님들, 일본을 용서해 주실 거면 돈을 받지 말고 눈 한번 딱 감고 용서를 해 주세요. 그것이 옳습니다.(돈은 싫다는 할머니들이 대다수라지만 진심일까?) 돈을 받으면 그 돈을 빼앗기 위해 자식이지만 악마로 돌변할지도 모르고 자식은 없고 친인척뿐이라면 그들도 할머니가 받은 보상금에다 눈독을 들일지도 모릅니다. 할머니들께서는 억울하시겠지만, 이제는 어쩔 수 없이 노인이 되셨기에 보상금을 받는다 해도 쓸곳도 없으리라는 생각인데 어떻습니까. 돈 앞에서는 부모도 형제도 없는 오늘의 세태를 할머니들께서도 보셨다면 보상금 문제로 과거보다 더 비참해질 수도 있는 보상금을 포기하고 용서해 주겠다고 선포를 아예 해 버리세요. 돈이란 본시 점잖치 못한 맘보를 낳는 속성을 지니고 있으니 포기하시고 위안부 소녀상도 철거하라고 정부에다 말씀해 버리세요. 화내실지 모르겠지만, 위안부 소녀상을 좋게 보려고 해도 거룩하게 보이질 않아서요."

박근혜 대통령은 위안부 할머니들을 청와대로 모셔 위로해 드리고 위안부 할머니들은 "그래, 이제 죽을 날도 얼마 남지 않았는데 대통령 생각에 따라 주자." 이렇게는 안 되는 걸까. 삶의 가치를 말할 때 나이 많은 사람과 젊은 사람의 생각은 다르다지 않은가. 말하자면 내키지는 않지만 들어주는 바다 같은 그런 맘….

세월호 참사 노란 리본을 지금도 가슴팍에다 달고 다니는데 그렇게 달고 다니면 환영하는 사람도 있을까. 위안부 소녀상도 마찬가지. 정치인들은 그들의 입맛에 맞게 이용하려고 할 것이고 순수하게 성장해야 할 청소년들에게 적개심만 키워줄 뿐이다. 우리는 인류 보편적 평화를 말하지만, 적개심 앞에 평화는 없다.

3. 발전하려면 과거를 뛰어넘어야

우리나라는 침략만 받았던 독하지 못한 민족으로 일본이 우리 민족에게 저지른 잘못이 어느 만큼인지 어릴 적이라 알 수는 없고, 일본인들의 잔악성이 얼마나 대단했는지 고모부에게서 듣기만 했는데 고모부 청년 시절 저수지 제방 공사장에서 봤던 일로 노동력이 많이 떨어진 중국인을 집으로 그냥 돌려보내지 않고 으슥한 곳으로 데리고 가 구덩이를 파게 하고, 됐다 싶었는지 그 자리에서 총을 쏴 죽이고 흙으로 대충 덮어 버리고 말더라는 것이다.

오늘의 일본을 역사로만 여기기에는 일본이 너무도 밉다. 밉지만 앞으로 나아가자는 데 있어 모든 나라가 새로운 길을 찾아가고 있는 마당에 과거 역사에만 묶여 있어서는 안 된다는 국가 통치자의 뜻을 받아들일 필요가 있다고 나는 본다.

우리 민족은 뒷받침만 해 주면 거침없이 펼쳐 나가게 될 재능(힙합 등)을 지니고 있다. 그래서 이보다 더한 발전된 세상이 올 것이지만 그 발전상을 맛보기는 개인적으로 나이 때문에 어림도 없을 것이나 후손들에게나 물려주는 것이 있어야 한다면 다시는 어느 나라부터도 당하지 않겠다는 굳건한 정신이다.

연봉이 1억 원 가까이 된다는 대기업 정규직들이 비정규직을 위해 나눔보다는 요구 사항이 해마다 더해진다는 보도를 보면 노동개혁법은 박근혜 정부에서는 물 건너간 것은 아닐까 싶다. 그렇지만 희망의

끈은 꼭 붙들어야 한다고 손자들에게 말하고 싶다. 국가적 가치 중에 경제로 일본과 우리나라는 자유무역협정으로든 공동 번영을 추구하자는 데 동의하지 못할 이유가 있겠는가. 일본은 그런 대상의 국가다. 그래서 정부는 과거는 역사로 두고 경제개발로 동반국으로 보고 일본을 추월하자는 데 있다.

질리게 듣던 새마을 노래

1. 새벽종이 울렸네 새 아침이 밝았네
   너도나도 일어나 새 마을을 가꾸세
   살기 좋은 내 마을 우리 힘으로 만드세
2. 초가집도 없애고 마을 길도 넓히고
   푸른 동산 만들어 알뜰살뜰 다듬세
   살기 좋은 내 마을 우리 힘으로 만드세
3. 서로서로 도와서 땀 흘려서 일하고
   소득증대 힘써서 부자 마을 만드세
   살기 좋은 내 마을 우리 힘으로 만드세
4. 우리 모두 굳세게 싸우면서 일하고
   일하면서 싸워서 새 조국을 만드세
   살기 좋은 내 마을 우리 힘으로 만드세

4. 박근혜 대통령 광복절 기념사

"국민 여러분, 해외 동포 여러분, 그리고, 북한 동포 여러분!

해마다 맞이하는 광복절이지만 이번 광복절의 의미는 매우 크게 다가옵니다. 저는 그때를 살지 않아서 역사적으로만 알고 있을 뿐이지만 우리 민족은 일본으로부터 얼마나 많은 피해를 입었습니까?(책, 『아리랑』이 잘 말하고 있다) 그렇지만 우리나라가 더 발전해야 한다면 일본을 향한 적개심은 내려놓아야 한다고 저는 봅니다.

적개심은 인간에게 최악만 가져올 뿐 아무것도 아닙니다. 그런 점에서 대통령으로서 국민들에게 부탁의 말씀을 드리고자 합니다. 곳곳에 세워진 위안부 소녀상은 피해 할머님들의 양해를 구해 내려놓자는 것입니다. 그것은 위안부 소녀상은 자라나는 청소년들에게 적개심만 심어줄 뿐이기 때문입니다.

국민 여러분, 우리 민족은 배려심이 넉넉한 민족심 때문으로 봐야겠지만 36년간의 세월 동안 일본으로부터 억압받다가 해방된 민족이나 우리 민족은 남북으로 갈라져 6·25전쟁이라는 아픔을 겪었고, 겪고 있습니다. 이렇게는 일본 때문이지만 현실은 과거보다 더 중요할 수도 있어 북한이 핵무장으로 우리를 위협하고 있는 마당에 우리도 맞대응으로 핵을 가져야겠는데 국제 질서상 그럴 수는 없고 일본 군사력을 끌어들일 생각으로 있습니다. 반대할 국민도 계실지 모르겠지만 그렇습니다.

국민 여러분, 일본과의 관계에서 정치 문제 말고는 벌써부터 무역이 자유롭고, 비자 없이 이웃집 오고 가듯 우리나라가 그렇게 되어 버린 상황에서 내일을 위해서는 일본을 미워할 수만 없습니다. 물론 이런 말도 가해국 일본 총리가 해야 할지 모르겠지만, 우리나라가 더 발전하려면 자존심 같은 것은 과감히 내려놓아야 한다고 저는 봅니다.

국민 여러분, 그동안 상상도 못 했던 알파고가 개발되어 바둑 게임 마당에서 인류의 미래상을 그대로 보여주었습니다. 그랬지만 우리는 그것을 보고만 있어서는 안 되고 더 이상의 것을 만들어 내야 합니다. 우리나라 젊은이들은 더 이상의 것도 만들어 낼 능력을 지니고 있다고 보고 정부는 그들을 위해 투자를 아끼지 않을 작정입니다.”

이런 정도의 발언이었으면 괜찮았지 않았을까 싶은데, 언제부터인지 우리 내부에서는 한국을 부정적으로 묘사하는 잘못된 풍조가 심해져 가고 있고, 우리나라를 살기 힘든 국가로 헬조선이라는 신조어들이 확산되고 있고, 떼법 문화가 만연하고 있다고 말했다. 곳곳을 보면 부정할 수 없는 사실이나 대통령의 말은 국가의 명운이 걸린 문제의 발언으로 나라가 당장 망한다 해도 희망의 말만 해야 할 것이 아닌가. 많이도 아쉽다.

6·25전쟁 발발 3일째 서울 시민들이 대혼란에 빠져 있을 때 이승만 대통령은 대전으로 내려가 라디오 방송으로 “모든 것이 잘되어 가고 있으니 국민들은 안심하시기 바랍니다.”라고 라디오 방송을 내보냈단다. 유엔 회원국들이 한국전 참가 결의안이 안전보장이사회에서 통과되자마자. 이것을 두고 “자기만 살겠다고 도망친 것 아니냐”고 도

올 김용옥 교수는 육두문자까지 써가며 강의하는 것을 유튜브에서 봤다.

이승만 대통령은 다른 나라로 피신하겠다는 생각 아니었겠느냐, 말하는 측도 있는가 본데 생각해 보면 대통령으로서 아무 말도 하지 말든지 아니면 "서울에 그대로 있어서는 위태로우니 부산으로 내려오기 바랍니다."라고 말했다면 서울 시민의 동요는 어땠을지 상상이나 되는가. 온 나라가 북한에 다 점령당하고 부산만 남은 절체절명에서. 이것이 국가 통치자가 취할 바는 아닐까.

한 발 더 나아가

대통령께서는 그렇게 해드렸는지 보도가 없어 모르겠으나 피해 할머니들을 청와대로 모시고 대통령이지만 아주 낮은 자세로,

"할머님들에게 말씀드리기가 외람되지만, 국가를 위해 소녀상을 오늘부로 내려놓겠다는 말씀을 한번 해 주시면 좋겠습니다. 일본 총리가 할머니들 앞에 무릎 꿇고 말씀을 드려야 맞겠지만 그렇게는 너무 어려운 문제일 것 같아 제가 이렇게 말씀드립니다. 대접을 받아야 할 위안부 소녀상이 뙤약볕에서, 비바람 또는 눈보라를 그대로 맞고 있다는 것은 할머님들을 더욱 안타깝게 만드는 꼴이 된다고 저는 봅니다. 할머님들께서는 어떻게 생각하실지 몰라도. 그래서 할머님들께서 큰맘 한번 써 주시면 일본 총리가 미안해서 고개를 제대로 못 들지 않을까 그래집니다."

탈고

휭하고 떠나가 버린 젊음
시간 따라 가버린 전날
아쉬움만 남아 있는 오늘
막걸리 한잔 하자는 전화
싫지만은 않은 통화

그래서 친구를 만났고
그래서 얘기가 있어지고
그래서 추억을 더듬어
글로 적어 시낭송이 되면
글은 군말 없이 책으로 살겠지

힘겨웠을지 모를 저 태양
자꾸만 서쪽으로 기운다
그러기를 휴가도 없이 76년
앙상한 손, 손주 녀석들이 붙들면
이것이 행복인가 싶다

노랫가락에 장단 맞추기
아무나 할 수 없다는 재능의 공식
악기를 배우려고 해도

동네가 시끄러울 수도 있다고
스마트폰이 말하지 않은가

이 시점에서 후한 대접 바라기는
당당하지 못한 소비자일 뿐
가냘픈 맘 위로라도 받기 기대는
영원한 벗 이부자리가 아닐까
탈고하니 밤 9시 15분